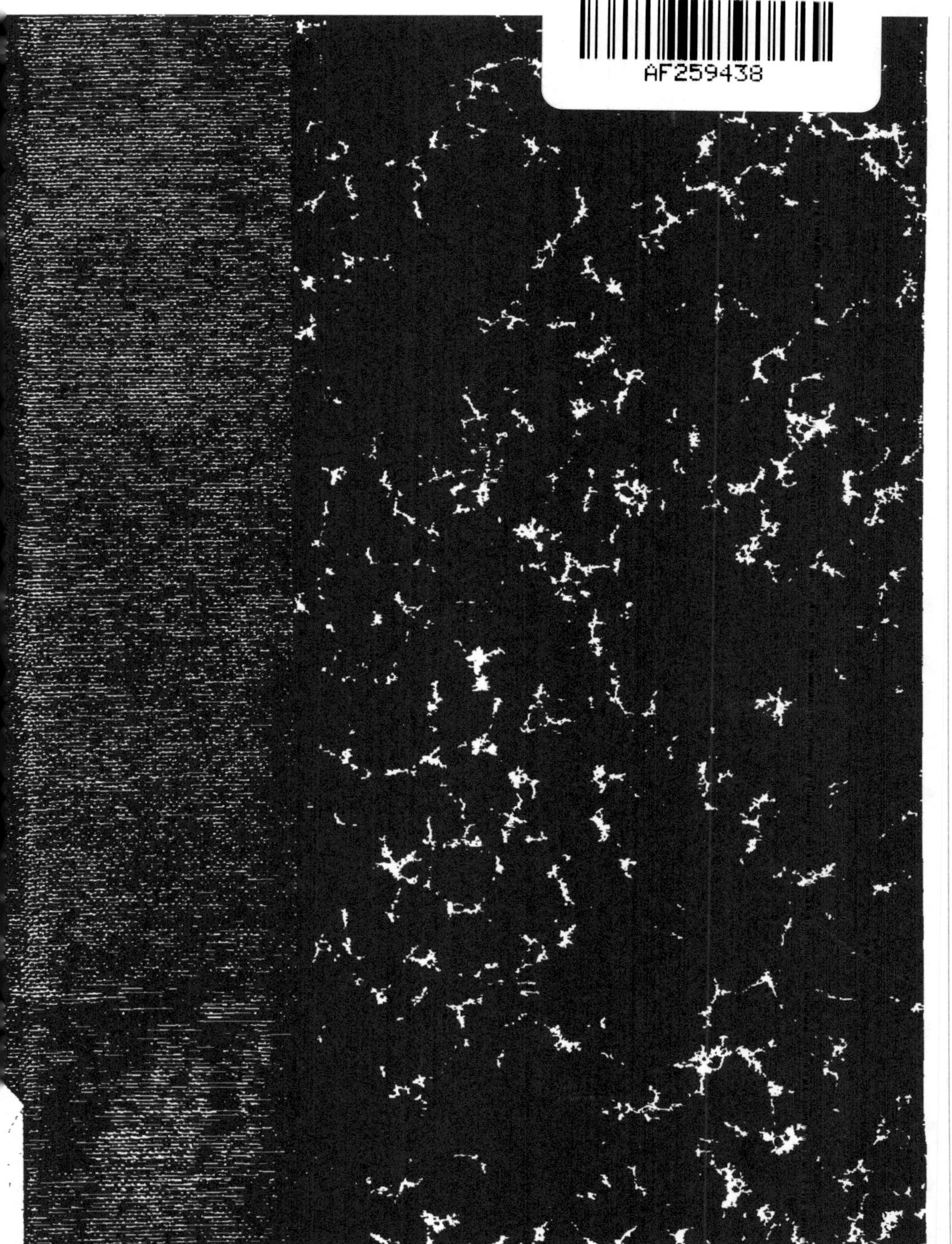
AF259438

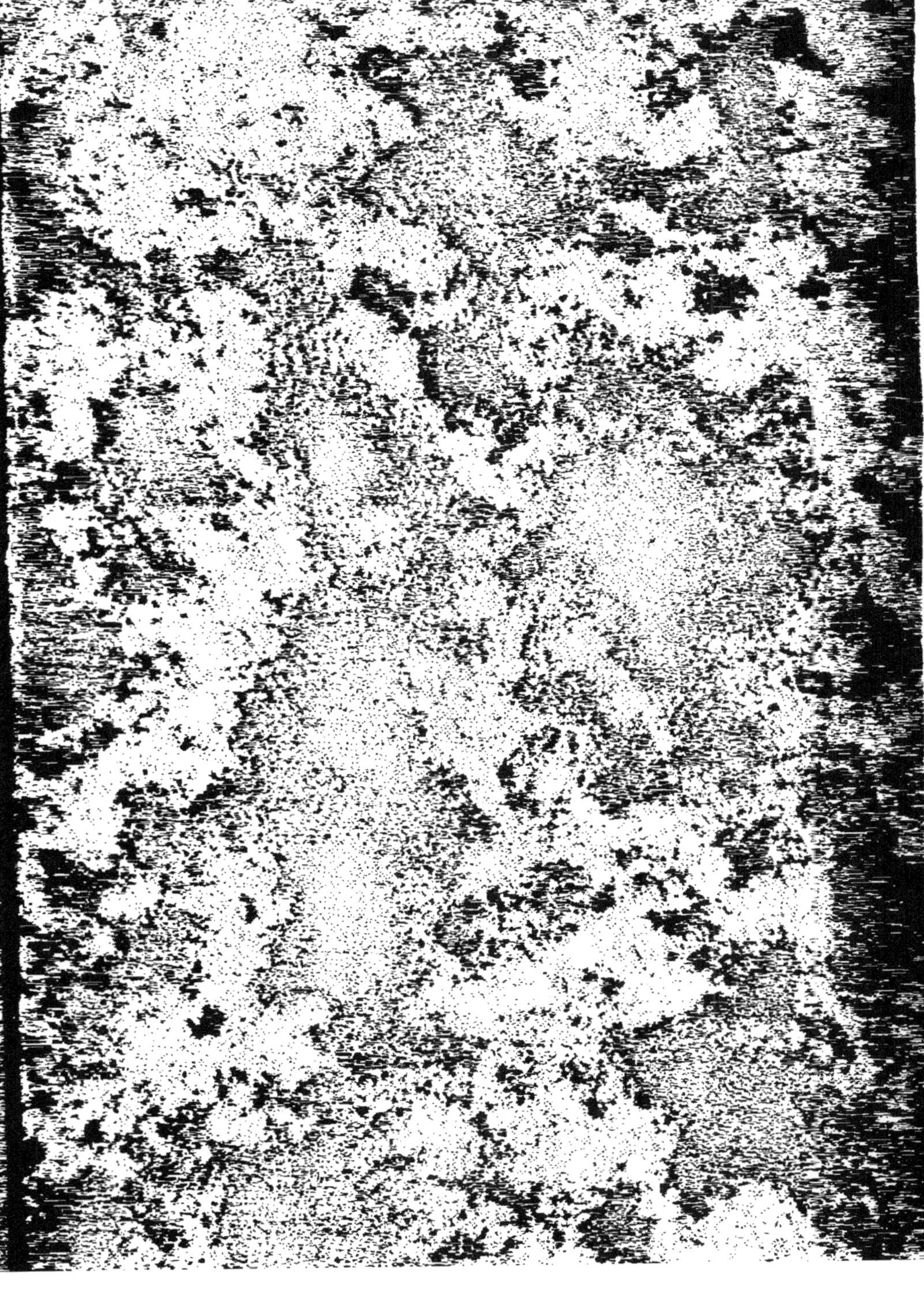

JOURNAL

D'UN

SOLITAIRE

ET

VOYAGE A LA SCHLUCHT

PAR

GÉRARDMER, LONGEMER ET RETOURNEMER

PAR

Xavier THIRIAT

Ouvrage couronné par la Société Franklin
et par la Société d'encouragement au bien.

Je sais encore bien peu de
choses, mais j'ai du courage
et j'espère.

QUATRIÈME ÉDITION

PARIS

ALPHONSE PICARD, LIBRAIRE

82, RUE BONAPARTE, 82

1883

JOURNAL

D'UN

SOLITAIRE

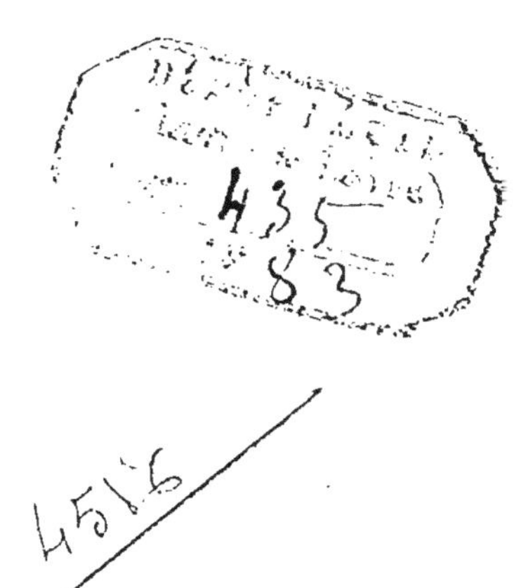

JOURNAL

D'UN

SOLITAIRE

ET

VOYAGE A LA SCHLUCHT

PAR

GÉRARDMER, LONGEMER ET RETOURNEMER

PAR

Xavier THIRIAT

Ouvrage couronné par la Société Franklin
et par la Société d'encouragement au bien.

Je sais encore bien peu de
choses, mais j'ai du courage
et j'espère.

QUATRIÈME ÉDITION

PARIS

ALPHONSE PICARD, LIBRAIRE

82, RUE BONAPARTE, 82

1883

INTRODUCTION

Sur la route de Remiremont à Gérardmer, en prenant
par la vallée de Cleurie, on longe à droite une colline, au
haut de laquelle pose une petite ferme aux murs blancs,
au toit de bardeaux, où l'on monte péniblement par un
chemin caillouteux, disposé en pente assez raide. Si d'a-
venture, engagé dans cette route, par une journée de
décembre, la curiosité vous eût pris, il y a quelques
années, de visiter les habitants de cette ferme, et que le
chemin abrupt qui y mène ne vous eût pas trop effrayé,
voici à peu près l'aspect que vous eût présenté la principale pièce, ou, comme on dit en Alsace et en Lorraine, le
poêle de la maison, lorsque vous en auriez passé le seuil :
au premier plan, près d'une fenêtre, une table où travaille
accroupi un tailleur d'habits, et non loin de laquelle se
tiennent assises, filant au rouet, l'une d'un côté, l'autre
de l'autre, deux jeunes filles, dont le babil alterne avec
celui d'une horloge rustique, meublant de sa longue
gaine un coin de la chambre ; plus loin, à quelque distance d'un homme à cheveux blancs, — le maître de la
maison, — qui, dans le fond de la pièce, s'occupe à faire
des paniers et des ruches d'abeilles, un jeune homme
d'une trentaine d'années environ, retordant, à une ma-
chine qu'il met en mouvement au moyen d'une manivelle,
des écheveaux de coton destinés à faire de la toile, et,
malgré le soin qu'il donne à son ouvrage, offrant toutes les
apparences d'un homme qu'une rêverie profonde isole

complètement de son entourage, au point qu'il n'entend rien de ce qui se dit à côté de lui.

Si, attiré par l'air étrange de ce jeune homme, au milieu de cette réunion assez bruyante de travailleurs et de travailleuses d'hiver, vous aviez arrêté particulièrement vos yeux sur sa personne, vous auriez été frappé de l'intelligence qui brille dans son regard et sur son front, et vous n'auriez été pas moins étonné que l'instant d'avant lorsque, à quelques pas de la ferme où vous veniez d'entrer, vous aviez remarqué, suspendu en dehors d'un berceau de charmille desséché, un instrument de physique assez peu familier aux habitants de la campagne, un pluviomètre, pour l'appeler par son nom.

. . Quoique la montagne soit peut-être le lieu le plus commode pour ce genre d'observations, ce n'est pas là d'ordinaire que l'on va chercher ceux qui s'y livrent, je veux dire les météorologistes, pas plus que les géologues, les botanistes, les historiens et les linguistes; permettez-moi de vous présenter, sous la blouse d'un montagnard vosgien, tous ces personnages réunis, plus un poète, dans la personne du jeune homme que je viens de vous faire voir retordant du coton sous le toit de la ferme du Pré-Tonnerre, — c'est le nom de cette ferme, — et de vous le montrer tour à tour dans chacun de ces rôles, dont un seul suffirait à recommander un homme, surtout lorsque, comme M. Xavier Thiriat, il n'a pas eu d'autre maître que lui-même, et pour comble, n'a pu guère en avoir d'autre.

Pour se convaincre de l'impossibilité qu'il y a eu pour lui d'aller chercher auprès d'autrui les premiers éléments de l'encyclopédie qui remplit sa tête, il suffit de jeter un second coup d'œil sur le pauvre retordeur de coton; on ne tardera pas à s'apercevoir qu'estropié des deux jambes, par suite de paralysie, il est réduit, pour se mouvoir, à se traîner péniblement sur les mains, et qu'il est condamné à ne pas s'éloigner de l'ombre du toit qu'il habite.

Mais, avant d'aller plus loin, il faut dire comment la cruelle infirmité qui l'a mis dans cet état lui est venue. La cause en est pour lui tellement honorable, pour ne pas dire plus, qu'elle ne peut qu'ajouter à l'intérêt de l'exposition que j'ai à faire ici des travaux du naturaliste et de l'historien vosgien.

C'était à la fin de décembre 1845 : Xavier Thiriat n'avait encore que dix ans. En compagnie de quatre petites filles de son âge, il se rendait de Julienrupt aux instructions du catéchisme que le vicaire de Saint-Amé venait, pour leur épargner la moitié du chemin, faire aux enfants de la vallée, dans une école privée de Cleurie. Sur leur route se présente, au milieu d'un pré, un canal grossi par les pluies de l'hiver et n'ayant pour tout pont qu'une planche étroite et vacillante. Xavier s'y engage le premier et arrive de l'autre côté sans encombre, suivi d'une des petites filles à qui le pied glisse au milieu de la planche, et qui tombe dans l'eau en criant au secours. Xavier se jette aussitôt dans le canal, où il entre jusqu'à la ceinture, — notez que c'était en décembre, au cœur des Vosges, — saisit la petite fille et l'amène sur le bord, rattrape le pont, je veux dire la planche, qui suivait le courant, et, toujours dans l'eau, fait passer successivement, pour prévenir un nouvel accident, les trois autres enfants. Alors seulement il sort du canal, et, après avoir tordu comme il peut ses vêtements et ceux de la petite fille, par un mélange de bise froide et de soleil, — un soleil de décembre, — il se remet en route tout transi pour l'école de Cleurie, où il espère trouver du feu pour se sécher, lui et sa petite compagne. Mais tout cela les avait mis en retard. Arrivés à l'école après tous les autres et n'osant dire ce qui les avait arrêtés, ils se trouvent placés loin du poêle, et le malheureux enfant reste toute la journée dans ses habits mouillés, si bien que le soir, lorsque, après une longue course encore, il rentra à la nuit chez ses parents, il était glacé.

A quelques jours de là, un mal affreux, accompagné de tortures atroces, tellement atroces que dans les convulsions qu'elles lui causèrent, il se brisa cinq dents, fondit sur la personne du pauvre petit. Pendant un mois, c'est lui qui l'a raconté, il jeta des cris nuit et jour, sans pouvoir s'assoupir une minute. Ses nerfs, par suite du refroidissement glacial qui l'avait saisi, s'étaient rétractés, ses jambes tordues et contournées. Quand, pour la première fois, il put se relever du lit où la souffrance l'avait cloué pendant plus d'un an, le robuste petit garçon, naguère encore si agile et si leste, le gai compagnon, si heureux d'escalader avec ses camarades les rampes de la montagne et de s'ébattre avec eux le long des haies ou dans les bois refleuris, le courageux sauveteur de ses petites compagnes se trouvait complètement perclus de ses deux jambes et ne pouvait plus désormais se traîner qu'en rampant sur les genoux et les mains.

C'eût été partout ailleurs un affreux malheur ; que devait-ce être à la campagne, où l'habitant de la ferme a besoin de l'aide de tous ses enfants et n'a pas le moyen de nourrir des bouches inutiles? Inutile et à charge à sa famille, il semblait que ce dût être désormais son lot ; nous verrons bientôt comment, par son courage et son intelligence, il devait tromper ces craintes trop fondées.

En attendant, quand la douleur eut enfin laissé quelque répit au pauvre enfant ainsi condamné à la reclusion, il chercha dans la lecture un allègement à ses souffrances et à son ennui. Quoiqu'il n'eût en tout que quinze mois d'école, néanmoins, comme il était intelligent et qu'il avait le goût de l'étude, il se mit à lire avec passion, et plus tard, quand ses petits camarades, qui d'abord le visitaient, se furent lassés de venir à son chevet, avec une sorte de fureur, toute la bibliothèque de son grand-père y passa ou plutôt y repassa ; car, avant sa maladie, comme nous l'apprend un de ses amis, M. Louis Jouve, un homme d'esprit et de cœur, qui, un des premiers, a eu le mérite de l'encourager, il l'avait déjà en partie épuisée. C'était, au fond d'une vieille armoire et tenant tout entier sur un rayon, un ramassis de bouquins de toute provenance, réunis par le hasard, et étonnés de se rencontrer, de ces bouquins qui formaient, il n'y a pas longtemps encore, le fonds de la plupart des bibliothèques de la montagne : une *Géographie ancienne*, l'*Abrégé de toutes les sciences*, qui décida probablement de sa vocation ; une *Histoire du Maroc*, qui lui entr'ouvrit l'Orient ; les *Nuits d'Young*, la *Vie des saints*, en 12 volumes ; l'*Histoire de Tobie*, les *Statuts synodaux du diocèse de Toul*, les *Psaumes*, le *Télémaque*, qui, dès l'âge de sept ans, avait été un événement dans sa vie.

A la ville, où les enfants ont à leur disposition des bibliothèques faites exprès pour eux et dont ils profitent si peu, on ne se doute pas des perspectives et des horizons que des bouquins de l'espèce de ceux que je viens d'énumérer peuvent, à travers leurs pages poudreuses et piquées des vers, faire resplendir dans l'âme du petit montagnard qui, par une journée d'hiver, dans le poêle enfumé, les dévore et les illustre lui-même des richesses d'une imagination toute neuve. Qu'est-ce donc quand ce montagnard, condamné, comme Xavier Thiriat, à la reclusion forcée, ne connaît des choses et du monde que ce qu'il a pu entrevoir de l'embrasure de sa porte ou de sa croisée ? Il ne lit pas une ligne qui ne se peigne, ainsi qu'aux murs d'une chambre obscure, en traits lumineux dans son imagination, et cela avec une vivacité et une intensité de couleurs qui lui rendent les choses aussi présentes que s'il les voyait de ses propres yeux. C'est de cette façon que le petit reclus lut la bibliothèque de son grand-père et, cette bibliothèque épuisée, le peu de livres que l'obligeance du curé et de l'instituteur de l'endroit put mettre à sa disposition.

Il arriva ainsi que, sans autre maître que la lecture et la réflexion solitaire, Xavier Thiriat parvint à acquérir un

certain fonds de connaissances déparé sans doute par
bien des lacunes, mais d'autant plus solide par la puissante assimilation qu'il s'en était faite au moyen d'un travail tout personnel. Ce fut pour lui, dans le premier moment, comme un éblouissement, mais qui, par le contraste
qu'il lui présentait avec sa situation et sa condition de
paysan, ne tarda pas à être suivi de l'inévitable désenchantement résultant en tout temps de l'écart qui se trou-
vera toujours entre le monde de la pensée et celui de là
réalité.

Quand du *Télémaque* ou de l'*Histoire prestigieuse du
Maroc*, Xavier passait au soin prosaïque des fromages de
la ferme, ou de la cuisine, ou au retordage du coton, —
car il s'utilisait le plus qu'il pouvait chez lui et prétendait
gagner le pain qu'il mangeait, — il lui semblait tomber
des splendeurs d'un palais dans un taudis; et il lui était
d'autant plus difficile de se dérober à cette impression
qu'il n'avait pas comme les autres, libres de leurs mouve-
ments, la faculté d'aller évaporer à l'air libre, dans quelque
travail à ciel découvert, les rêves d'une imagination
échauffée doublement par la lecture et la solitude.

L'été seul, quand il put se traîner autour de la ferme,
était capable de faire diversion à l'horrible ennui de sa
position. Alors il avait chance de rencontrer parfois quel-
ques-uns des anciens camarades et de reprendre avec eux
sinon les jeux, au moins les entretiens du passé. Il ne
jouissait pas seulement de la vue du ciel et du soleil, des
fleurs, de la verdure, du chant des oiseaux et du ravissant
panorama de la vallée de Cleurie; il avait encore sous les
yeux, pour le distraire, le spectacle des travaux de la campagne, dont la poésie de loin montait jusqu'à lui.

Parfois les jeunes filles du hameau menaient paître
leurs vaches au Pré-Tonnerre, et venaient, simples et naïves,
nouer avec lui des entretiens où son jeune cœur de quinze
ans, mûri de bonne heure par la souffrance, la lecture
et la solitude, lui faisait trouver un charme infini. Mais de

quelle tristesse ces heures charmantes où, sans le savoir,
il recommençait avec ces enfants, dans toute sa fraîcheur
et avec une pureté que l'antiquité ne connut jamais, l'é-
ternelle idylle de la jeunesse des champs, de quelle tristesse ces heures étaient suivies, lorsque les jeunes visiteuses oubliaient le chemin du Pré-Tonnerre, et lorsqu'il
songeait, le cœur serré, qu'il ne pourrait jamais, infirme
comme il était, compter à leurs yeux ! C'étaient alors des
abattements profonds, des tristesses noires, des tentations
de murmures et de révoltes contre son sort, des désespoirs
qu'une sensibilité naturelle, augmentée par la souffrance
et la culture intellectuelle, ne faisait qu'aigrir et redoubler.
Ce fut bien pis, quand, parmi ces jeunes visiteuses de son
ermitage, il en eut distingué une, la plus belle et la plus
gracieuse, qui paraissait, de son côté, capable d'oublier
l'infirmité du pauvre jeune homme pour n'être sensible
qu'à son esprit et à son cœur, et qu'un beau jour elle
changea tout à coup et n'eut plus pour lui qu'indifférence.
Il lui sembla que le soleil s'éteignait dans le ciel, et il eut
des nuits et des jours affreux. Tous ceux qui ont aimé
sans espoir ont connu ces tortures où le cœur souffre
d'une blessure qu'on croit inguérissable, et d'où il semble
que tout votre sang s'écoule.

Le pauvre solitaire, nous le savons par le *Journal*
qu'il a publié sous ce nom, et où il a recueilli, dans une
suite de pages exquises de fraîcheur, de naturel et
d'émotion, avec les impressions qu'il recevait de la
nature, toutes les alternatives de joie et de douleur
par lesquelles il passa alors, le pauvre solitaire connut
ces heures et en épuisa l'amertume.

Aimer et être aimé, c'est le rêve de toute jeunesse.
Xavier Thiriat sentait que ce rêve était pour lui irréali-
sable, et cette pensée le torturait d'autant plus qu'il se
sentait dans le cœur des trésors d'amour.

Il n'y succomba pas, toutefois, et en sortit même plus
fort. Dans les intervalles de ces joies et de ces désespoirs

d'un jeune cœur qui s'ouvre en même temps à toutes les
émotions de la nature, il était attentif aux scènes que
les saisons de l'année, comme autant de chœurs, déroulaient successivement sous ses yeux dans leurs évolutions
et les étudiait.

C'est ainsi que, dès l'âge de quinze ans, dès 1850, du
haut de sa colline, il suivait du regard tous les phénomènes météorologiques de la vallée et n'en laissait pas
passer un seul sans l'enregistrer et consigner chaque jour
là-dessus des observations, dont il composait, chaque
année, un bulletin, s'instituant de la sorte, dans l'intérêt
de la science et de l'agriculture, dont les travaux se lient
si étroitement à ces phénomènes, le témoin quotidien et
comme le chroniqueur attitré des rustiques saisons. De
la poésie, dont le *Journal d'un Solitaire*, que je citais
tout à l'heure, déborde et qui se glisse, à son insu, en
tableaux tout virgiliens jusque dans ses bulletins météorologiques, il passait insensiblement à la science dont
l'influence, pour être d'abord moins enivrante, était en
revanche plus calme et plus saine. Il réagissait énergi-
quement contre la rêverie, dont le charme dissolvant, s'il
s'y était abandonné, lui eût ôté toutes ses forces et l'eût
empêché de devenir un homme. « Je sentais, dit-il, une
passion noble, puissante, celle de l'étude de la nature,
m'envahir et prendre la place des songes et des rêveries. »
Cela le sauva ; la science ne se fut pas plus tôt montrée à
lui dans sa beauté sévère, qu'elle le prit tout entier.

Mais une chose, en attendant, le désolait: c'était de ne
pouvoir prendre une part active aux travaux de la campagne qu'il avait journellement sous les yeux.

« Chacun a sa tâche autour de moi, dit-il dans son
Journal, tâche rude qui me semblerait bien douce, si je
pouvais l'accomplir. Je les vois tous monter et descendre
les pentes abruptes, pliant sous les fardeaux ; ils défrichent, piochent ou fauchent ; la sueur ruisselle des
fronts ; on répare les chemins dégradés par les orages, on

fait un mur de roches pour soutenir les terres ; et moi, impuissant, je lis, j'écris ! C'est à peine si quelques travaux à ma portée m'occupent à l'intérieur de la maison. Se sentir homme et n'être rien ! »

Il ne se consolait un peu qu'à l'idée de se rendre utile en observant attentivement les travaux de la vallée, et en consignant ses remarques à cet égard dans un petit mémoire très bien fait sur l'*Agriculture dans les montagnes des Vosges*. Cependant il continuait jour par jour ses observations météorologiques, qu'il publiait tous les mois dans l'*Écho des Vosges;* et il attirait ainsi sur lui l'attention de M. Charton, d'Épinal, qui les recueillait à son tour dans l'*Annuaire des Vosges ;* il attirait encore celle d'autres météorologistes distingués de son pays et des départements voisins. Bien plus, il arrivait dans ce genre de travaux à faire assez autorité pour mériter de devenir membre correspondant de la Société météorologique de l'Observatoire impérial.

Toutes les sciences naturelles se tiennent ; qui en apprend une est forcé, s'il veut l'approfondir, d'apprendre toutes les autres. C'était l'avis du grand naturaliste Linnée, que l'étude des plantes avait conduit à celle des insectes et des animaux, ainsi que des terrains divers qui les portent. Xavier Thiriat comprenait comme d'instinct ce lien étroit des sciences naturelles entre elles. Il regrettait de ne savoir qu'imparfaitement la physique, pour pénétrer plus avant dans l'explication des phénomènes de l'air. Mais puisque, cloué chez lui par son infirmité, il ne pouvait aller aux grandes écoles, il voulait au moins, comme il le dit lui-même, connaître ce qui se trouvait autour de lui, ce qu'il avait sous la main, les plantes, les pierres, les animaux, distinguer, déterminer les espèces.

Mais était-il possible à un pauvre paysan paralytique de trouver quelqu'un pour l'initier à ces sciences qu'il brûlait de s'assimiler et pour lui en expliquer au moins les premiers éléments? Tout est possible à qui a l'amour et la volonté d'une chose. Xavier Thiriat avait un jeune frère auquel il avait communiqué ses goûts. Constant, — c'était son nom, — devint non seulement son herborisateur pour les plantes qu'il fallait aller chercher au fond de la vallée ou plus haut dans la montagne, mais encore son intermédiaire auprès des personnes qui pouvaient l'aider de leurs conseils. Ils avaient entendu dire que M. Sulpice Perrin, de Cremanvillers, s'occupait de botanique. Comment l'aborder pour profiter de sa science? Le parti de Constant fut bientôt pris. Un beau matin, il charge sur ses épaules toute une botte de plantes par lui recueillies dans la montagne, et le voilà parti pour Cremanvillers, où il va droit à M. Perrin, à qui il demande bravement le nom de ses fleurs. Il a le bonheur de rencontrer un galant homme, aussi obligeant que savant, qui lui fait le meilleur accueil, l'encourage, lui nomme ses fleurs, lui apprend comment se fait un herbier et lui prête encore par-dessus le marché la *Flore de Lorraine*, c'est-à-dire le meilleur guide qu'ils puissent désirer pour leurs études.

On pense si Xavier, qui tremblait, en attendant, sur l'issue de la démarche de son frère, fut ravi. Il le fut encore bien plus lorsque, quelques jours après, il vit arriver au Pré-Tonnerre, avec un ballot de plantes desséchées, M. Perrin lui-même, qui venait donner aux petits savants en herbe les notions préliminaires indispensables pour herboriser et collectionner.

Xavier Thiriat trouva encore dans M. l'abbé Boulay et dans M. Gauvin, pour la botanique et la géologie, dans M. le docteur Puton, de Remiremont, dans M. Berher pour l'entomologie, dans M. Mougel pour toute la zoologie, dans M. Charles Grad de Turckeim pour la météorologie, dans les bons et respectables curés du voisinage, et particulièrement dans M. le curé de Julienrupt et M. le curé de Saint-Amé pour la connaissance de la littérature et.de l'histoire et pour des secours de livres, non moins de bienveillance qu'il en avait rencontré chez M. Perrin; et il fit dans chacune de ces sciences et de ces études, aidé de tous ces maîtres, dont il est devenu aujourd'hui le collaborateur, des progrès qui le rendirent bientôt pour toute la vallée un maître à son tour.

Puissance et contagion de l'exemple! Ce pauvre petit paysan, qui pouvait à peine se traîner, fit école autour de lui et communiqua aux autres la passion dont il brûlait pour l'étude. Ce fut comme une flamme qui gagna de proche en proche, d'abord ses frères, devenus ses auxiliaires dans ses herborisations et ses recherches, puis un jeune homme, M. Boulay, puis un brave cordonnier de Julienrupt, M. Joseph Balland, puis une jeune fille, Mᵉ Justine Houberdon, qui a su, au milieu des occupations les plus assujettissantes d'un ménage et d'une ferme, trouver du temps pour la botanique et la poésie, comme l'attestent, pour la botanique, un magnifique herbier de plus de quatre cents espèces de plantes recueillies et classées par elle; pour la poésie, une fraîche et originale chanson de sa composition, en patois du Tholy, sur le *Retour du printemps* (1). Et ç'a été depuis, parmi les habitants de la vallée de Cleurie et de la vallée de la Moselotte et particulièrement parmi les jeunes gens, à

(1) Voici la traduction de cette chanson, que Xavier Thiriat, avec raison, trouve égale, sinon supérieure, pour le charme et le naturel, aux poésies populaires de la Souabe :

I. Le printemps est revenu, l'anémone est fleurie, — Et l'herbe dans les prés tout partout reverdit, — Au soleil, près de la haie, on voit déjà bien des fleurs, — De pervenche, de violette, au fond des buissons de saule. — Le rouge-gorge en chantant prépare son nid de mousse, — Et d'une branche à l'autre il s'en va tout joyeux.

II. Le soleil, qui est bien plus chaud, dore le soir les nuées. — Des cheminées on voit s'élever une légère fumée, — Qui monte et tournoie au caprice du vent. — Les pinsons éveillés se suivent

qui herboriserait et cultiverait des fleurs, ce luxe charmant de la campagne, si fait pour adoucir les mœurs, et à qui leur donnerait les soins les plus intelligents.

Tantus amor florum.

C'était à la fin de 1860 que Xavier Thiriat trouvait pour ses études une aide si puissante dans l'obligeance et les lumières des savants que j'ai été heureux d'énumérer plus haut; — il faut recueillir religieusement les noms de ces hommes de bien qui tous ont tendu avec tant d'empressement la main au pauvre jeune paysan infirme (1). — Quelques mois auparavant, une joie lui arrivait qui faisait époque dans sa vie, c'était. ., mais il faut l'entendre lui-même raconter cette joie, grande entre toutes, dans cette page charmante de son *Journal*: « Aujourd'hui il m'est arrivé une joie sans égale, un bonheur inespéré. J'ai un nouveau compagnon, un ami, je l'espère, qui me rapprochera des hommes et des lieux qui m'étaient jusque-là inaccessibles, et qui finira ses jours près de moi. Oh ! il y passera une heureuse vieillesse, et rien ne lui manquera. »

deux à deux ; — Les alouettes chantant leur chanson la plus douce, — S'en vont, reviennent, montent, sous le ciel bleu.

III. Le ruisseau, joyeusement, sous la haie fleurie, — Gazouille en roulant son onde au milieu de la prairie. — Un jour a fait fleurir les prés et les cerisiers; — Les branches de fleurs sont toutes blanches, — L'abeille dedans bourdonne et recueille son miel — Sur le même rameau où le pinson fait son nid.

IV. Ce que j'aime se réveille ; que cela me réjouit ! que je suis donc heureux en voyant la nouvelle feuille. — Le bon temps est revenu ; quelle joie c'est pour moi — De trouver dans les prés tant de plantes fleuries ! — Combien j'aime à passer par dedans la prairie — Respirer le bon goût des tièdes vents d'avril.

(1) Au premier rang, il faut mettre M. Louis Jouve, l'auteur des *Lettres Vosgiennes* et de plusieurs travaux on ne peut plus instructifs sur les patois vosgiens. C'est, je le répète, un de ceux qui ont le plus fait pour donner à Xavier Thiriat la conscience de ses forces et pour l'encourager de toute façon.

Ce nouveau compagnon, cet ami à qui il donnait d'avance son cœur et pour qui il se mettait en frais de projets de bonheur, c'était, faut-il le dire? c'était un pauvre vieil âne, couvert de cicatrices et réduit, par les mauvais traitements des nombreux maîtres aux mains desquels il avait successivement passé, à l'état de squelette, un âne fantastique, à force de misère.

L'oncle de Xavier l'avait, pour lui en faire cadeau, acheté d'un brocanteur qui le tenait d'un mercier ambulant, à qui l'avait vendu un chiffonnier, qui le tenait lui-même d'un saltimbanque; une histoire, j'allais dire une odyssée, à faire pleurer.

Xavier ne s'en sentit que plus de sympathie pour le pauvre animal, dont la possession le transportait. Mais écoutons-le encore: « Un âne! c'était mon rêve! eh bien! il s'est réalisé. J'ai un âne! Il est là depuis une heure, dans notre grange. On ne voulait pas me le présenter dans l'état où il avait été acheté des mains d'un brocanteur de Saulxures. Oh! la pauvre bête! C'est mon oncle qui me le gardait et qui me l'amena ce matin. Pendant qu'autour de moi les hommes et les enfants riaient de sa mine piteuse, moi, je ne voyais que ses misères révélées si tristement par ses cicatrices, son pelage usé et son aspect de squelette. Ma sympathie s'éveillait vivement; des larmes me vinrent aux yeux, et je jurai de faire de mon âne un ami de toute la maison. »

Tant de bonheur pour l'acquisition d'un vieil âne pelé! cela fera peut-être sourire, cela me touche, moi qui admire avec combien peu de choses la Providence peut faire un homme heureux et qui comprends tous les sentiments du pauvre infirme pour le nouveau compagnon à qui il devra désormais de pouvoir, dans l'intérêt de ses études et de ses herborisations, s'éloigner un peu du toit paternel. A partir de ce jour, en effet, grâce à Coco, — c'était le nom de son âne, et pourquoi ne m'accorderait-on pas, pour le redire, la permission qu'ont prise de faire passer à la pos-

térité les noms des montures de leurs héros, non seulement les poètes et les romanciers, mais encore les historiens de tous les temps ? — grâce à Coco, qui désormais
est historique, et aussi à une petite cariole que son père
lui avait fait faire, Thiriat put, de temps en temps, aller
voir ses amis du voisinage et étendre le cercle de ses
herborisations, qu'il osa même, un jour, pousser jusqu'à
la Schlucht, comme on peut le voir dans la pittoresque
relation qu'il en a faite à la fin du *Journal d'un Solitaire.*
Il put surtout aller consulter les archives des communes
voisines pour la nouvelle et grande entreprise qu'il avait
en tête.

Jusque-là, Xavier avait étudié les plantes, les pierres,
les insectes et les animaux de sa vallée; il voulut continuer ses études en prenant pour sujet d'observation, dans
le passé comme dans le présent, les habitants de cette
même vallée; et la première idée lui vint de raconter l'histoire du petit coin de terre où il avait pris naissance et où
les pères de ses pères avaient vécu (1). Mais ce n'est pas
le lieu de parler de cet ouvrage qui est en train de faire
son chemin et que la *Société d'émulation des Vosges*
a déjà honoré d'une de ses couronnes.

On n'a pas de peine à comprendre que, sans cesse en face
de lui-même et de la nature, Xavier Thiriat ait eu l'idée
de consigner, jour par jour, le spectacle qu'il avait sous
les yeux et les impressions diverses qu'il en recevait avec
toutes les pensées et les sentiments que ses études et sa
situation devaient lui suggérer. Ce spectacle, c'est celui
de la campagne, tel qu'il s'offrait à lui du haut de sa col-

(1) *La Vallée de Cleurie,* par Xavier Thiriat; 1 vol. in-12,
Paris, Humbert, éditeur, rue Cassette, 17. Mirecourt, même maison.

(Prix Massou, 300 fr.) décerné au meilleur ouvrage sur la statistique locale. Médaille d'or, décernée par la Société nationale
d'Agriculture de France.

line, en face de la montagne et de la vallée natale. C'est le tableau à la fois solennel et varié des saisons que Jean Chrysostome, avec son imagination tout homérique, compare à un chœur de jeunes filles exécutant les unes après les autres leurs évolutions légères. C'est celui que présente le *Journal d'un Solitaire*, dont la première édition a été rapidement épuisée, et dont M. Xavier Thiriat présente aujourd'hui une nouvelle édition qu'il a su de tout point améliorer, tant par les corrections que par les additions qu'il y a faites.

Les Aryas de l'Inde, sur les hauteurs de l'Himalaya, d'où ils devaient s'élancer à la conquête des régions qui recélaient les sources de la lumière, les Aryas de l'Inde ne suivaient pas, à l'horizon, d'un regard plus attentif et plus religieux, les aspects changeants du jour et ne mêlaient pas plus intimement leur âme à cette contemplation que Xavier Thiriat, dans son *Journal*, ne suit et n'embrasse de son ardente attention, les formes multiples de la lumière et les phénomènes sans nombre qu'elle produit dans les champs de l'espace.

Homère nous montre quelque part, dans l'*Iliade*, un pâtre de l'Ida ravi dans une pieuse extase à l'aspect des splendeurs nocturnes d'un ciel étoilé dont l'horizon recule à l'infini, pendant qu'aux rayons d'une lune brillante vont s'éclairant au loin les cimes, les hauteurs et les vallées, et que tous les astres, perdus dans les profondeurs des cieux, se dévoilent au regard. Ce pâtre, Xavier Thiriat me le rappelle avec ses religieux tressaillements en face des beautés de sa vallée; et c'est précisément le charme et l'intérêt du *Journal d'un Solitaire* que cette franche et grave émotion produite en lui par les grands spectacles de la nature.

La nature, à ses yeux, n'est pas seulement une matière à contemplation, mais encore et surtout une occasion d'adoration. La science, comme la poésie, n'est pour lui, ainsi que pour Platon et saint Augustin et pour toutes les âmes vraiment religieuses, qu'une échelle sublime pour monter à Dieu. Les poètes de l'heure présente se vantent volontiers de rester impassibles en face des plus saisissants spectacles de la nature et de n'éprouver pour ses beautés d'autres sentiments que celui de la curiosité. Xavier Thiriat, ai-je besoin de le dire? n'est pas de cette force, et devant les grandes et belles choses se laisse aller franchement à ses impressions, sans se préoccuper le moins du monde de son attitude. Ce qui ne l'empêche pas pourtant de peindre avec autant de sûreté de main que de vivacité de couleur les différents aspects des saisons, depuis les horreurs tour à tour sombres et éblouissantes de l'hiver jusqu'aux beautés pénétrantes de l'automne, en passant par le frais renouvellement du printemps et les splendeurs de l'été.

Mais chez Xavier Thiriat, comme chez tous les peintres complets, la nature ne forme que le cadre, et l'homme y occupe toujours le premier plan. L'homme, dans le *Journal d'un Solitaire*, c'est lui, c'est son père, ce sont ses frères, les travailleurs de la campagne dont l'activité s'exerce sous ses yeux, ses sœurs, dont l'idée lui suggère les images les plus gracieuses; ce sont les jeunes gardeuses de vaches et de chèvres, qui viennent quelquefois charmer sa solitude, et, entre toutes, celle qui fit tour à tour, par sa grâce et ses dédains, la fête et le désespoir des heures de sa jeunesse. Mais il faut lire, dans le livre, l'histoire de ces amours naïves qui semblent emprunter aux lieux mêmes leur fraîcheur et leur pureté :

« La vallée est fraîche et riante. C'est une corbeille embaumée de verdure et de fleurs, baignée d'une rosée limpide qui festonne les jeunes arbustes et brille sur la tige mobile des herbes comme une pluie de diamants.

« Une douce brise caresse mollement le feuillage. Partout des chants d'oiseaux. Aux premiers sourires de l'astre qui lui donne l'éclat de la fécondité, la nature enchantée se réveille ; dans les prés, sur les bruyères, au fond

des bosquets, partout, des murmures, des bruits mélodieux, des chants de fête, partout le mouvement et l'allégresse. »

On a, dans ce délicieux tableau, le paysage qui servait
de cadre à ses amours renouvelées, on peut le dire, des
plus beaux jours de la pastorale antique, et qui, comme
tant de belles choses, ne devaient mesurer que quelques
printemps.

« Nous étions, dit-il, trois enfants timides, assis sur un
gazon émaillé de luzules, d'épervières et de véroniques,
près d'une fontaine limpide qui gazouillait sur des cailloux. »

Si douloureux qu'ait été pour Xavier Thiriat cet épisode
de sa jeunesse, il n'en a conservé qu'un délicieux souvenir comme de tout ce que l'innocence et la pureté ont
marqué de leur cachet ; et la page suivante, que je trouve
à la date du 17 juillet, montre combien les restes de cet
amour sont encore pour lui parfumés.

« Tout le monde était sorti de la maison, excepté moi, qui
« me demandais à quoi j'allais employer le reste du jour,
« quand Lilie parut sur la porte : « Bonjour, Xavier, dit-
« elle de sa voix la plus douce, en faisant sa gracieuse in-
« clination habituelle ; vous êtes si seul que c'est une
« honte de vous laisser ainsi. Je viens vous voir et tra-
« vailler avec vous. » Il y avait bien trois ans que nous
« ne nous étions trouvés ensemble en tête-à-tête. Nous
« ne fûmes embarrassés ni l'un ni l'autre ; on eût dit
« deux amis qui se voient chaque jour.

« Moi, assis près de ma fenêtre ouverte, je dévidais du
« coton de trame ; elle, de l'autre côté de ma table, se mit
« à faire quelque broderie. Le ciel était pur, la verdure
« splendide, le paysage ravissant. Il y avait comme une
« joie sereine autour de nous. Je ne sais si nous en res-
« sentions les effets, mais, à nous voir, personne n'eût
« jamais pensé que nos deux cœurs se fussent aimés un
« jour. La conversation roula sur ce qui intéressait cha-

« cun de nous. Je parlais naturellement de mon âne avec
« enthousiasme. La veille, elle l'avait vu paissant l'herbe
« parmi les genêts ; elle m'en fit compliment avec un sou-
« rire qui ne me parut pas tout à fait flatteur ; j'en fus un
« peu vexé, mais ce fut un nuage qui s'effaça vite. Com-
« ment, de bavardages qui se disent entre voisins, nous
« passâmes à des sujets élevés, je n'en sais rien. Ce qu'il
« y a de certain, c'est que nous nous sommes longtemps
« entretenus de morale et même de théologie, elle, avec
« son simple bon sens, moi, avec le peu que j'ai appris. En
« faisant présider Dieu à la nature et aux actions des
« hommes, notre conversation était sans la moindre pré-
« tention, et elle était entrée dans ce courant de la façon
« la plus naturelle. Plusieurs heures se passèrent ainsi.
« Je ne sais si mes dissertations lui plurent ; pour moi, je
« suis fort content d'elle. Quand elle dut partir, elle sem-
« blait ne me quitter qu'à regret, et, s'inclinant presque
« jusqu'à terre pour me saluer, elle promit de revenir
« bientôt. »

N'est-ce pas là une idylle charmante, prise sur nature
et des plus franches, sans aucune espèce de fadeur surtout, témoin ce trait final qui la relève d'une teinte comique et piquante ?

« Oh ! la singulière fille, tant de démonstrations d'ami-
« tié ne l'empêchèrent pourtant pas de vouloir me tromper
« de quelques sous sur un marché de coton à broder
« qu'elle fit avec moi, au moment de s'en aller. Heureuse-
« ment que je suis presque aussi rusé qu'elle ; je lui par-
« donne en faveur de toutes ses autres qualités. Chacun
« sait que Lilic est, à elle seule, aussi intéressée que toutes
« les congréganistes de la paroisse ensemble. »

Ne trouvez-vous pas qu'ici Xavier rend fort joliment à
Lilic la monnaie de son malicieux sourire à l'endroit de
son âne ? Je ne crains pas de le dire, Théocrite est moins
pur, mais il n'est pas plus franc.

Je voudrais détacher encore de ce mois de juillet une

page non moins charmante, où, en face d'un paysage dont
il trace une description splendide, il se montre, par une
soirée de dimanche, en compagnie de deux jeunes filles
du voisinage, à qui il explique, tandis qu'elles n'ont pas
assez d'oreilles pour l'écouter, les mystères de la fructification des plantes. Mais si je voulais citer tout ce que je
rencontre dans ce *Journal*, de pittoresque, de naturel,
d'honnête et d'élevé, il me faudrait citer tout ; je préfère
renvoyer au livre même, et je me contente de finir par
ces réflexions sur le bonheur que je trouve à la date du
28 novembre, et où, sans le savoir, Xavier s'est exprimé
tout entier :

« On semble croire que le bonheur est une grosse chose
« compacte qu'on trouve tout d'une pièce, une mine d'or
« incommensurable, un diamant gigantesque. Moi-même
« j'ai été quelque temps dans cette erreur : je croyais à
« un bonheur absolu. Mais les infortunes des autres et la
« mienne propre m'ont appris que, sur cette pauvre terre,
« ce qu'on appelle le bonheur est une sorte de mosaïque
« de petites pierres précieuses, dont aucune, souvent, n'a
« de valeur réelle que pour soi. Mais rien de ce qui
« tourmente l'âme, sans l'élever ou l'épurer, ne peut y
« être compris.

« Pour moi, les bonheurs de ma vie, je ne les ai pas
« cherchés ; ils sont venus pour ainsi dire me trouver ; ils
« ont poussé et fleuri sous mes pieds comme la pâquerette
« des gazons, quoique je ne les aie pas toujours aperçus
« du premier coup d'œil ; souvent même je les ai mécon-
« nus. Il m'était bien permis de ne pas toujours voir à
« travers mes larmes. »

Savez-vous quelque chose de plus touchant que cette
plainte à la fois si pénétrante et si contenue ? Mais lais-
sons-le continuer l'article de ses bonheurs :

« Je les ai connus dans les rares voyages que j'ai faits
« depuis mon enfance, dans la fraîche éclosion de mon
« cœur au souffle d'un innocent amour, dans la société

« d'un ami, mais surtout quand j'étais seul avec la na-
« ture, en face de Dieu ; je les ai connus dans mes prome-
« nades, le long des haies, des prés et des pâturages de
« ma colline ; en observant les fleurs, les mousses, les
« oiseaux, dans une rêverie ou plutôt dans un ravissement
« poétique, où tant de voix, de couleurs, de parfums se
« fondaient pour moi en une harmonie céleste ; quand je
« lisais mes poètes les plus aimés à l'ombre d'un hêtre ;
« quand le pinson chantait sur les plus hautes branches,
« que des bouffées de vent frais faisaient frissonnner les
« feuilles, que les *fils de la Vierge* flottaient mollement
« dans les airs ou entre les rameaux des arbres, et que
« tout ce que me racontait le poëte, je le voyais sous mes
« yeux, dans la nature. »

« Le bonheur, » dit-il encore, — car il est loin d'avoir
épuisé la liste de toutes les joies qu'il a su goûter, et cela
est assez curieux pour un pauvre montagnard aussi cruellement affligé —, « le bonheur, je l'ai trouvé dans les
« quelques fêtes de l'église auxquelles j'ai pu assister, dans
« les chants religieux, dans les mélodies de l'orgue, dans
« ces parfums d'encens et de cierges qui élevaient mon
« âme, comme sur des ailes, au-dessus de la terre et me
« faisaient rêver aux concerts séraphiques ; je l'ai trouvé
« dans l'hospitalité que je reçois le même jour au presby-
« tère du village, où notre vieux curé m'accueille comme
« un ami à sa table, et ajoute toujours un *extra* à son or-
« dinaire pour me fêter. »

Est-ce donc tout ? Rien moins : en vérité, on ne se doute
pas de tous les bonheurs que Dieu a faits pour l'honnête
homme.

« Le bonheur, il est encore pour moi dans l'accomplisse-
« ment de mon devoir, dans l'amour réciproque des
« miens, dans cet intérieur où règne la paix, où chacun
« contribue au bonheur de tous.

« Je le trouve encore, après les quelques travaux d'éco-
« nomie domestique dont je puis me charger, dans l'ob-

« servation et l'étude de tout ce qui me passe sous les
« yeux. Tous mes instants sont employés, et il ne reste
« plus de place pour l'ennui, pour ces heures de mélan-
« colie trop fréquentes naguère. Je sais encore bien peu
« de choses, mais j'ai du courage et j'espère. »

J'ai du courage et j'espère ! Qu'ajouter à cette page
de philosophie chrétienne et pratique, — car Xavier Thiriat est un chrétien et du meilleur aloi —, sinon qu'il serait à souhaiter qu'elle fût à l'usage d'un plus grand
nombre d'hommes ? Et maintenant, souhaitons à cette
publication une fortune brillante. Nous ne saurions faire
trop de vœux pour le succès d'un ouvrage d'une influence
si salubre et destiné à faire connaître, en même temps
qu'une des plus fraîches et des plus riantes vallées de
nos Vosges, un des hommes qui font à tous égards le
plus d'honneur à ce beau pays.

Antoine Campaux,

Professeur à la Faculté des lettres de Nancy.

JOURNAL

D'UN SOLITAIRE

❧

I

1er janvier 1860.

Je viens de faire une courte promenade. Le soleil, se voilant d'une légère brume, colore de ses rayons à demi interceptés les campagnes jaunies et silencieuses ; on dirait le retour du printemps. Çà et là, sur les collines, un brouillard se détache des noires forêts de sapins et semble, comme une molle et blanche toison, flotter sur le front sombre du tableau. On n'entend que les cris rauques de la buse et des geais perchés sur les rameaux dépouillés des hêtres du taillis, et le bruit du torrent grossi par les pluies. Je prête l'oreille à ces murmures, à ces bruits sauvages ; mon âme s'élève sur les colonnes blanches de vapeurs qui montent vers les sapinières, et se berce doucement dans les airs avec ces rideaux légers de brume.

Il est midi ; la cloche du hameau tinte l'*Angelus*, Le front découvert, je prie et j'adresse au Ciel des vœux pour ceux que j'aime. Puisse l'année qui commence être pour eux et pour moi calme et douce comme son premier jour !

II

5 janvier.

Je n'ai pas lu aujourd'hui, je n'ai pas médité ; mais j'ai beaucoup travaillé. Puisque je suis privé de l'usage de mes jambes, il faut bien que je me donne une occupation manuelle, qui m'aide à subvenir à mes besoins. Depuis six ans, je brode tous les jours pour gagner ainsi quelques sous. Non seulement je veux aider mes parents et n'être pas une bouche inutile, mais encore pouvoir acheter, de l'argent gagné par mon travail, les livres dont je ne puis me passer. J'ai donc supputé, l'aiguille à la main, le nombre de jours que je mettrais à parfaire la petite somme dont j'ai besoin pour un nouveau volume. Ce n'était pas le rêve de Perrette que mon imagination se plaisait à dérouler. Ma vie restera bornée au même horizon ; mais au delà , combien de choses que je puis connaître sans sortir de mon enclos ! Je suis avide de lecture ; j'étais donc positif dans mes calculs ; j'allais au total net, et l'emploi de la somme était déjà fixé.

La profession féminine de brodeur qu'on m'a imposée est éminemment favorable à la rêverie. La main marche sans application d'esprit. Quand pourrai-je trouver un autre moyen de gagner pour mes menues dépenses ? C'est en brodant, pendant les longs jours de l'été, assis sur le banc de mon ermitage, près du noisetier, presque toujours seul, que ma pensée s'échappait dans l'espace et bâtissait des châteaux en Espagne, où la poésie et l'amour mettaient alternativement la main. C'est là que j'ai écouté tant de fois le chant des fauvettes et des rouges-gorges qui gazouillaient sous le feuillage du taillis. Là, j'ai admiré, du matin au soir, la nature qui s'épanouissait au retour du printemps ; là, j'ai vu les splendeurs de l'été et la décadence de l'automne. J'étais à l'école de la nature qui parle à mon âme un si harmonieux langage.

Mais c'est là aussi que seul, j'ai pleuré tant de fois sur le malheur qui m'exile des joies et des espérances de la jeunesse. C'est en travaillant à cette broderie monotone que mon esprit s'est perdu dans ces rêves de jeunesse, qui ont eu tant de retentissement dans mon âme.

Il m'est doux de me souvenir des bonheurs, des tristesses et des orages qui ont tour à tour pénétré et agité mon cœur.

III

7 janvier.

Dans mon foyer désert l'étincelle est éteinte :
Au loin dans la campagne un vent triste gémit
Et semble prolonger dans une immense plainte,
Tandis qu'au loin le ciel s'affaisse et s'assombrit.

Des hêtres du taillis la ramure chenue,
Sous l'autan furieux, s'agite en frémissant ;
Il tombe des frimas sur chaque branche nue,
Où s'abat solitaire un corbeau croassant.

Mon âme s'est émue à ces voix d'outre-tombe
Et gémit à son tour sur ce vaste cercueil ;
Plus d'oiseaux, plus de fleurs, l'espoir en moi succombe
Et mes yeux ont des pleurs pour la nature en deuil.

Que de fois n'ai-je pas désiré, pauvre rêveur, pouvoir mettre en vers les pensées que roule ma tête ! Je cherche quelquefois ; et, tandis que mon esprit s'évertue à trouver une rime rétive, mon imagination impatiente s'élance bien loin de mon sujet et mon rêve s'évanouit en un instant, comme les vapeurs d'une belle matinée devant le soleil de la canicule.

IV

12 janvier, au Tholy.

Il s'est écoulé bien des années depuis que, libre et plein de santé, je suis venu une dernière fois au fond de cette vallée à la fois riante et sévère. Je sens mon âme se dilater et s'ouvrir aux plus douces émotions en respirant l'air pur de la campagne, après de longs mois d'ennui et de solitude au coin du foyer.

Devant moi se déroule la plaine, que domine le Beillard avec sa couronne de sombres forêts, et du côté opposé mes regards se perdent dans un dédale de collines, d'escarpements, de ravins, les uns étalant des massifs de sapins, les autres abrupts et stériles, d'autres montrant leurs prairies jaunies par l'hiver. Ici le soleil dore les bruyères desséchées et les fougères fanées que ne recouvrent plus les frimas, tandis que sur les collines exposées au nord, la terre est encore blanchie par la neige.

Il est midi; la fumée bleue qui sort des cheminées de chaque maison va se réunir aux brumes qui s'élèvent des vallons et des forêts, et forme sous l'azur pâle d'un ciel de janvier, mille voiles de gaze, que colorent les rayons du soleil et que balance la bise. Enivré de la magie de ces tableaux, qui pour tant d'autres passent inaperçus, j'éprouve un bonheur que je n'ai pas ressenti depuis longtemps.

4 heures du soir, au retour.

Je revois ma colline natale à travers les brouillards du soir. A côté de la route que je suis, serpente l'onde claire et limpide de la Cleurie. Le soleil se couche sans rayons, dans un lointain bleuâtre, derrière les massifs des collines, et dore d'un reflet orangé les cimes couvertes de neige et les quelques nuages qui flottent dans le ciel. L'air frais du soir, qui fouette ma figure, me donne une douce sensation. Je respire et je vis, ce me semble, d'une tout autre manière qu'entre les murs de ma solitude.

V

15 janvier.

Quand je vagabondais enfant joyeux et blond,
Parmi les verts sentiers de ma chère montagne,
A l'âge où sur les fleurs je m'abattais en rond,
Et tenant par la main une jeune compagne ;

Quand le soir je rêvais auprès de mon troupeau
Aux jeux du lendemain, aux baisers de ma mère ;
Quand je guettais, cruel, le doux nid de l'oiseau,
Qui tout le jour chantait dans le bois solitaire ;

J'espérais d'heureux jours, et la vie, à mes yeux,
Dans mes rêves d'enfant, était un doux mystère.
Sans souci j'effeuillais cet âge gracieux ;
Au Dieu de l'innocent j'adressais ma prière.

Ces jours que je regrette ont duré dix printemps,
Aube vite effacée, aurore de ma vie !
Depuis, l'ombre a voilé mon beau ciel, et les ans
Ne m'ont point apporté d'heures dignes d'envie !

Et souvent je me dis : Qu'est-ce que le bonheur,
Ce doux bien que promet le rêve de l'enfance ?
Pour les déshérités, n'est-il pas une fleur ?
Et rien ne me répond, pas même l'Espérance !

VI

16 janvier, 9 heures du soir.

La nuit est sombre ; je suis seul, et, prêtant l'oreille, je n'entends d'autre bruit que celui de l'horloge, dont le pendule monotone semble marquer les pulsations du temps.

Pourquoi suis-je rêveur? Pourquoi ces livres, ces plumes, ces cahiers sont-ils là sous mes yeux, sans que mes idées puissent s'y fixer, sans que j'aie seulement la force d'étendre la main pour les saisir?

Pourquoi? Je n'en sais rien ; tout ce que je sais, c'est que je suis seul, que je le serai toujours, que mon cœur bat, sans qu'un autre cœur lui réponde, et que je souffre.

VII

20 janvier.

Si je pouvais sortir, si j'avais la faculté de marcher, j'irais trouver le Dieu des affligés à l'église du village, et, prosterné devant l'autel où il réside, je le prierais de me prendre en pitié. Oh ! s'il me rendait l'usage de mes jambes ! Si je pouvais espérer qu'un jour je me relèverai du sol, où je suis condamné à ramper sur les mains ! L'hirondelle avec ses ailes ne serait pas plus heureuse que moi. J'ai besoin de mouvement, d'air, d'essor, d'espace et de champ. Hélas ! je ne puis pas même me traîner jusqu'à l'église. Mais Dieu, qui est partout, entend ma prière d'ici, et lit dans mon âme. Il n'est pas possible que des jours meilleurs ne luisent pour moi. Je veux m'instruire, m'étudier ; et, quand je me connaîtrai bien, j'arriverai pout-être à cette résignation chrétienne, qui rassérène l'âme des sages et des saints. Un jour peut-être je bénirai les épreuves de ma jeunesse.

VIII

23 janvier, au soir.

Ma sœur Joséphine, blonde et gracieuse enfant, s'endort près de moi du sommeil de l'innocence. A travers les vitres de ma fenêtre, je vois scintiller les étoiles, au firmament bleu, et je me dis, en songeant aux douleurs qui attendent peut-être ce petit ange, que sa place serait bien mieux, cent fois, au delà de ces sphères radieuses... Mais je réfléchis que je serais seul, si dans l'avenir je n'avais pas cette chère enfant pour m'aimer et devenir ma providence ; puis, effleurant de mes lèvres sa joue rose, je la berce de ces rimes en guise de ballade :

> Oh ! dors, ma belle enfant, puisqu'en toi la souffrance
> N'éveille point de pleurs.
> Dors, tandis que ton âme est pleine d'espérance
> Et vit avec les fleurs.

Paisible comme une onde encore sans tempête,
        Le front penché vers moi,
Incline mollement ta jeune et blonde tête ;
        Je veillerai sur toi.

De l'avenir en vain bat l'aile menaçante ;
        Rien n'assombrit tes ans.
Ainsi que l'hirondelle, en avril, innocente,
        Tu souris au printemps.

Comme elle dans ton nid tu chantes dès l'aurore
        Et rêves à tes jeux.
Pour toi lorsque le jour par degré s'évapore,
        Le sommeil est heureux.

Dors, ma gentille sœur, ton ciel est sans nuage,
        Il est tendu de bleu.
Souris à ton beau rêve, on ne dort qu'à ton âge.
        Jusqu'à demain, adieu !

I X

30 janvier.

Le ciel brumeux de l'hiver a ses splendeurs. Ce matin, des vapeurs du côté de l'occident réfléchissaient les premières clartés de l'aube qui luisaient à l'orient, bien loin sous l'horizon. J'admirais cet arc rose qui se fondait dans une teinte orangée, puis verte, puis bleue, enfin grise. A mesure que la lumière s'irradiait dans l'espace, les couleurs devenaient plus brillantes.

De petits nuages floconneux, d'un rouge pourpre, d'un jaune pâle, d'un vert de mer, flottaient comme des toisons et se transformaient en mille gracieuses arabesques. Enfin, le soleil pâle de janvier a coloré le sommet de la montagne de Cleurie, et se réflétant dans la fenêtre d'une chaumière, au milieu des forêts du Faing-la-Chèvre, la fait paraître comme embrasée. Mes yeux ne sauraient soutenir son éclat. Ainsi, pendant les feux de la canicule, les cailloux polis, les débris de verre et de faïence épars dans les champs du coteau voisin réfléchissaient des feux visibles à une grande distance. C'est ce que les paysans de nos montagnes ont cru longtemps être la fleur d'or, qui annonce le gisement d'un trésor.

X

4 février, 4 heures du soir.

Déjà le soleil, de retour, vient visiter de ses tièdes rayons le bord de ma fenêtre. De gracieuses mésanges bleues chantent sur le pommier dépouillé, et parcourent en tous sens ses rameaux moussus, à la recherche des larves qui s'y cachent. Le ciel est pur et la neige fait scintiller au soleil des myriades de paillettes diamantées, qui la recouvrent comme autant de prismes, où la lumière se brise pour rejaillir en gerbes éblouissantes. Malgré la fatigue que produit sur ma vue une lumière aussi vive, je me plais à contempler la campagne, toute ruisselante des pierres précieuses attachées à sa robe immaculée. C'est ainsi que l'hiver a ses beautés, et que, du sommet de la montagne, où le sapin pyramidal abaisse vers la terre ses rameaux chargés de frimas, jusqu'au fond de la plaine, où le ruisseau coule dans un lit brodé de glaçons transparents, une foule d'aspects magiques, produits par la lumière et l'ombre, viennent égayer le voyageur engourdi, et élever tout cœur religieux vers Celui qui pare tour à tour les campagnes de la verdure éclatante du printemps, des fleurs de l'été, des tons pâlis de l'automne, et du givre virginal de l'hiver.

Ce spectacle éblouissant, et sans doute la disposition de mon esprit, égayé par le babil de mes sœurs et par les chansons de mon linot, m'inspirent une joie calme, que je ne suis plus accoutumé à ressentir. Je songe, en poursuivant mon travail, à mille choses de mon passé, et surtout à ces amours enfantines qui ont subitement fait éclore mon cœur et mon esprit, en y jetant tous les enchantements d'une poésie ignorée. La pureté, la naïveté de cette première expansion des ardeurs de la jeunesse n'ont laissé nulle amertume dans ma pensée. Ce souvenir, que j'écartais autrefois, quand il rouvrait une blessure encore récente, me poursuit avec une persistance qui ne me déplaît point, parce qu'il ne m'apporte aucun remords, et que je me sens aujourd'hui plus maître de moi-même. O Lilie! si par vous j'ai bien souffert, par vous aussi j'ai appris à vivre!

XI

7 février.

Le ciel est sombre et nébuleux; des bandes de corbeaux sillonnent les airs glacés et surchargés de vapeurs bleues. Rien ne se fait entendre dans la vallée que le croassement lugubre de ces oiseaux sinistres et les cris rauques et stridents des geais dispersés dans les taillis déserts.

Je suis seul; cette solitude, ces aspects sauvages et monotones des campagnes, tout semble concourir à replonger mon cœur dans une tristesse que je combats en vain.

Pour me distraire, je lis *Mes Prisons*, de Silvio Pellico; mais plus que lui, et tout en admirant sa philosophie et sa résignation chrétiennes, malgré les moments de ferveur et de raison qu'il m'inspire, je me laisse emporter à de sombres idées. Avenir brisé, néant de mes espérances, voilà tout ce que j'entrevois.

Beaux jours de mon enfance, temps heureux des courses folâtres et vagabondes à travers les prés et les bruyères de mon coteau natal, que vous avez été rapides pour moi!... J'avais à peine vu dix fois le printemps sourire à ma jeune imagination, il fallut quitter tout ce que j'aimais, les fêtes et les instructions religieuses de l'église du village, la classe et les livres de l'école du hameau, et les jeux sur les plateaux verts

de la montagne, au milieu des troupeaux confiés à la
garde de nous tous, enfants d'une même colline, également joyeux et insouciants. Mon Dieu! qu'il était
beau ce temps de mon enfance!

Je m'arrête à considérer les brumes neigeuses qui
voilent le ciel et la cime des collines. Les frimas, chas-
sés par le vent du nord, mugissent à la porte et battent les vitres tapissées de neige. Je rêve à je ne sais
quoi, et une larme vient mouiller ma paupière...

XII

9 février.

Pourquoi le même souvenir m'obsède-t-il? Le nom
de Lilie chante à mon oreille, comme pour chasser
une tristesse que redouble encore la rigueur de la
saison. Il ne m'émeut pas le cœur; mais il charme
mon imagination; il ne me trouble pas : il m'invite à
des pensées plus douces. Je viens de relire les poésies
que j'écrivais il y a six ans, les notes que je crayon-
nais sur la montagne, en face de la nature, en regardant celle que j'aimais, occupée à travailler dans les
champs et les prairies, selon les saisons. J'y ai retrouvé cette émotion indicible, ce ravissement poétique,
cette naïveté, cette mélancolie douce qui m'inspiraient
alors. Je me sentais heureux. Ma mémoire me rappelait les détails de cette idylle suave, que le printemps

ramena trois fois de suite. L'inconstante Lilie! Son amour tombait avec les feuilles d'automne, et ne semblait renaître qu'avec les fleurs. Je voudrais avoir noté jour par jour chacun des pas que firent alors mon cœur et ma pensée. Je voudrais savoir écrire pour me retracer ce roman dont les scènes me sont encore si présentes. Si je le puis, j'essayerai.

Un jour sur la montagne, un beau dimanche de mai, où tout souriait et chantait dans le ciel bleu et sur la terre, je fermai les pages d'un livre qui m'avait absorbé pendant de longues heures, et j'écrivis au crayon sur une feuille blanche, ces vers que je retrouve dans mes notes. Je songeais à l'inconstante Lilie, qui, ce printemps-là, pour la première fois, m'avait oublié:

Aux confins des sillons, ma brune bocagère
Suspend sa lyre agreste aux branches du sapin
Mais je me souviendrai des airs que ma bergère
Murmurait doucement aux brises du matin.

Je ne l'oublierai pas ce temps de ma jeunesse,
Où tout était amour dans mon cœur frais éclos;
Où j'aurais tout donné pour un peu de tendresse
Où j'allais m'enchantant d'un gracieux propos;

Où je venais le soir sur la lande sauvage,
Cueillir la fleur des champs, compagne du grillon;
Où sur la mousse assis, j'ébauchais une page
De cette poésie écho de nos vallons.

Lorsque des feux du jour la nuance dernière
Dorait de pourpre et d'or la montagne et le ciel,
Et que laissant la menthe et le rouge épiaire,
L'abeille retournait à son gâteau de miel.

Je me rappellerai ces temps où je soupire
Sur ce tertre fleuri, de feuillage voilé ;
Mais ces jours où l'amour eut un si doux sourire
N'auront plus de rayons pour mon ciel étoilé...

Et je verrai grandir les enfants de mes frères
Oublié, méconnu des vierges du hameau,
Sans que nulle jamais, ô paradis des pères !
Sous mes yeux réjouis balance un frais berceau !

Que d'ébauches, de rêveries, de notes, j'ai retrouvées dans cette boîte poudreuse où je plaçais tout ce qui m'était cher.

J'y ai découvert quelques lettres de Lilie, pauvre sainte enfant ! Elle m'y parlait d'un bout à l'autre de son affection, du bon Dieu, des livres pieux qu'elle lisait, de ses souvenirs à l'école des *chères sœurs*, de ses moutons, de ses chèvres. J'adorais ces chères lettres si naïves, je ne savais pas non plus parler le langage des amants, et on se contentait de se dire à tout propos : « Je *vous* aime bien, » nous n'aurions jamais osé nous tutoyer.

XIII

10 février.

O amours enfantines ! premières fleurs du printemps de la vie !

Il y a une dizaine d'années qu'un habitant d'une commune voisine vint demeurer, avec sa famille,

dans la colline où je suis né. Il avait une fille, un pe
plus jeune que moi, de taille moyenne, passablemen
instruite et intelligente, vive, pétulante et rieuse
mais d'une modestie, d'une timidité plus qu'ordinaire
c'était Lilie. Son nom me charmait; je le trouva
doux, harmonieux, poétique. Il se passa près d'un
année avant qu'il nous eût été possible de faire un
connaissance intime; mais dès la première entrevue
sans que je puisse me rendre compte de ce qui se pas
sait en moi, je me sentis attiré vers elle par une viv
affection. Je sentais bien que je l'aimais; mais j
songeais que jamais je ne pourrais ou n'oserais lu
en faire l'aveu. Elle avait quinze ans, j'en avais dix
huit.

Une voisine fut sa confidente, et fut la mienne aus
pendant quelque temps. Ce fut par elle que j'appri
à Lilie que je l'aimais; par elle encore que je reçu
avis que j'étais aussi aimé. Mes deux voisines aimaien
les fleurs (les fleurs sont toujours pour quelque chos
dans un roman), et elles savaient bien que je parta
geais leur goût et que je me plaisais à en cultiver.

Or, un matin, au commencement de mars, je reçu
des graines de pavot double, enveloppées dans un pa
pier plié en forme de lettre. Je ne cherchai pas un
signification à cet envoi, car mes deux amies igno
raient le langage des fleurs. Le papier contenait que
ques mots de remerciement pour un léger service qu
je leur avais rendu. « Nous vous envoyons ces graine
de pavot, disaient-elles (car elles avaient signé toute

deux), n'ayant rien de mieux à vous offrir. » Cette lettre m'ouvrait la voie. J'y répondis par un billet où je déguisais mes sentiments sous le nom d'amitié. Je ne savais pas plus que Lilie ce que c'est que l'amour.

Dès ce moment, une correspondance assez active s'établit entre nous. On s'écrivait le jour, on se rêvait la nuit ; nous étions également émus de cette vive affection. A Pâques, on était devenus inséparables.

Lilie allait à l'école du hameau ; les écoliers se chargeaient de notre correspondance. Mais, au commencement d'avril, l'école se ferma ; il fallut s'occuper des travaux des champs, et Lilie n'eut plus guère le temps d'écrire que le dimanche. Pour moi, retenu comme je le suis, je ne pouvais que rarement la voir. Je suppléais à des entrevues par une correspondance suivie.

Je ris encore au souvenir de quelques circonstances de ces temps *orageux*, surtout lorsque je songe à ma complète ignorance des passions du cœur et à mon peu d'expérience des choses. Lilie était encore bien plus novice. Nos lettres étaient des causeries banales. Lili m'appelait son *cher frère* et quelques fois mêlait à ses protestations *d'amitié* des couplets de cantique. Au commencement, à la fin et partout, elle répétait : « Oh ! je vous aime bien. »

Je crois qu'il est impossible de ressentir un bonheur plus pur que celui que je goûtai pendant quelques mois, au printemps de cette année. J'aimais ; j'étais certainement aimé ; j'écrivais et elle me répondait. C'était un enivrement.

Un dimanche, — c'était le 16 mai, je m'en souviendrai toujours, — Lilie avait, dans la matinée, conduit son troupeau de vaches, de moutons et de chèvres près du Pré-Tonnerre, et nous avions passé plusieurs heures à causer sur la colline. Nous désignâmes un lieu de rencontre pour l'après-midi C'était une pelouse près d'un buisson d'aubépine en fleurs, à quelque distance d'un ruisseau limpide. Ce n'était pas une retraite écartée : nous n'avions pas à nous cacher ; d'ailleurs, tout près du lieu choisi pour notre rencontre, passaient plusieurs chemins ruraux, mais toutefois peu fréquentés.

L'air était calme, le soleil brillait dans un ciel pur, voilé çà et là de nuages blancs ; des myriades d'oiseaux gazouillaient sous le jeune feuillage ; mille fleurs à peine écloses tapissaient le gazon vert de la colline et l'herbe de la prairie. Ce fut pour moi un jour délicieux : les beautés et les grâces d'une nature champêtre s'allient si bien avec les charmes d'un premier amour.

Lilie et sa voisine, je les vois encore, étaient assises l'une près de l'autre sur un tapis de luzules et de piloselles, et s'amusaient à cueillir ces fleurettes du gazon d'un air distrait. J'étais à deux pas d'elles, tout rêveur. Pendant de longues heures, qui nous parurent rapides, nous restâmes ainsi, presque sans parler. Nous étions heureux et nous ne trouvions pas de paroles pour peindre notre bonheur. C'est depuis ce jour que je sentis, pour ainsi dire, couler en moi le feu de la poésie. Mon cœur, mon intelligence, ma parole, me semblèrent se développer comme la fleur, qui ouvre ses pétales au souffle qui la caresse, sous le soleil qui l'embrase et dégage ses parfums. Puis nous finîmes par échanger nos aveux naïfs avec une émotion indicible, sans oser seulement nous serrer la main.

La voisine de Lilie n'entendit pas ce doux serment d'amour, le premier et l'unique que ma bouche ait prononcé.

Hélas ! trois jours après tout était changé. Dans notre naïveté, nous étions loin de songer que d'autres que nous deux pourraient s'occuper de notre amitié. Nous ne savions pas que la voisine de Lilie était jalouse. Nous n'avions pas prévu que la mère de Lilie, instruite de tout, par les confidences de sa fille, pouvait mettre fin à notre bonheur. Tout entiers au bonheur de nous aimer, nous étions loin, le dimanche, en quittant la pelouse, de songer qu'on allait nous l'enlever pour toujours.

C'est ce qui arriva. La mère de Lilie ouvrit les yeux à cette enfant naïve et lui défendit de m'écrire. J'avais continué ma correspondance : mais pendant la semaine, une lettre de Lilie m'apprit les avis que sa mère lui avait donnés et la défense qui lui était faite. Elle était résolue à obéir ; mais son cœur était bien affligé. Je tombais ainsi du ciel dans l'abîme. J'écrivis encore quelquefois ; mais à mes lettres, plus de réponse ! Si je parlais à l'infidèle, elle était silencieuse et froide. Bientôt je crus qu'elle m'avait retiré tout à fait son affection. Quiconque a aimé purement, sincèrement, peut seul comprendre ce que je souffris. L'amour était éteint dans son cœur ; il restait vivant dans le mien. Une année se passa ainsi.

Au printemps suivant, je crus un instant avoir reconquis le cœur de Lilie ; mais je n'ai jamais pu m'en assurer, tant son caractère est insaisissable et presque incompréhensible ! Elle tiendra aujourd'hui les plus aimables propos, et demain elle passera sans dire bonjour. Mais alors je ne voyais pas ses défauts ; il me semblait, au contraire, qu'il ne lui manquait que des ailes pour être un ange

XIV

11 février.

M. Marulier, notre instituteur, m'avait enseigné l'orthographe et les règles de la versification. Les leçons qu'il venait gratuitement me donner à domicile plusieurs fois par semaine, ne furent pas inutiles ; j'avais besoin de traduire toutes les agitations de ma pensée sous une forme qui satisfît mon idéal. Je me mis à réunir couplets et élégies, quatrains et romances, épîtres et poèmes ; j'y mettais toutes les effusions de mon cœur, l'histoire entière de ma vie.

A cette époque, j'avais peu lu les poètes. Je possédais seulement les satires et les épîtres de Boileau, qu'un voisin m'avait données ; mais je ne trouvais pas, dans cette poésie, un idéal qui me satisfît. Ce fut par une espèce de hasard que je rencontrai une pièce de vers qui me mit au cœur l'ambition de devenir moi-même un poète.

En avril 1863, en semant quelques fleurs sur le tertre rocheux que j'ai appelé depuis mon ermitage, parce que c'est là que j'ai passé, durant bien des années, mes journées solitaires pendant la belle saison, je découvris au fond d'un buisson de coudrier, qui abritait de son ombre mon banc rustique, une page de journal, détériorée par l'hiver, où je lus ces couplets intitulés : la *Chanson de Mina.*

« J'avais vingt ans ; elle en avait dix-huit ;
Le frais printemps riait aux cieux limpides.
Nous étions seuls et j'écoutais le bruit
De nos deux cœurs battant à coups rapides :
Chanson d'amour qu'un vieux moulin joyeux
Accompagnait de son tic tac sonore.
« Qu'il soit témoin, dit-elle, de nos vœux,
« Et dans vingt ans nous reviendrons tous deux
   « Voir si le moulin tourne encore. »

« Un an plus tard, je revenais tout seul.
Le vent pleurait dans les branches rouillées.
C'était l'hiver, la neige, froid linceul,
Vêtait de blanc les forêts dépouillées,

> Mon âme en deuil songeait aux jours perdus,
> A ces beaux jours que le temps nous dévore
> Je refoulais des regrets superflus ;
> Car de Mina le cœur ne battait plus,
> Et le moulin tournait encore. »

Cette romance éveilla soudain en moi le sentiment de l'expression poétique, et je pus donner une forme aux idées gracieuses ou mélancoliques qui se pressaient dans ma tête. Plus tard je lus des fragments d'autres poètes élégiaques, Soumet, Millevoye, Gilbert, Lamartine. Mais j'apprenais surtout de mémoire tous les vers qui me tombaient sous la main, et qui, peignant le deuil de la nature ou d'une âme attristée, les aspects gracieux des champs et des saisons, rendaient les sentiments de tristesse que m'inspirait le souvenir de Lilie et de son oubli.

De ces temps d'ivresse et de tourment que m'est-il resté ? Hélas ! la certitude que je puis aimer sans jamais inspirer d'amour durable, puisque je ne puis prétendre, dans mon état, à partager ma vie avec une compagne. Si j'ai acquis un avantage, c'est qu'à partir de ce jour, j'ai vu mon intelligence s'ouvrir peu à peu à tout un monde d'idées et de sentiments que je ne soupçonnais pas auparavant. J'ai senti pleinement toutes les beautés que les cœurs aimants qui souffrent retrouvent dans *les Martyrs*, dans *Atala*, *René*, *Paul et Virginie*, dans les *Harmonies* et les *Méditations* de Lamartine, et dans tant d'autres beaux ouvrages, qui ont depuis, charmé tour à tour les heures paisibles de ma vie solitaire.

XV

12 février, 3 heures du soir.

Le vent glacé du nord continue à mugir contre les
vitres couvertes de givre. La neige qui tombe et les
brouillards qui rampent la colline, obscurcissent l'air.
Et moi je suis morne comme le temps ; je m'épuise
en vains efforts pour repousser l'ennui et la tristesse
qui pèsent sur moi. Près du foyer qui bourdonne, un
livre à la main, j'essaye inutilement de fixer ma pensée ailleurs que sur moi-même ; mes regards distraits
se portent tour à tour sur cette page que je lis pour
la troisième fois peut-être, sans en avoir pu saisir le
sens, et sur le tableau lugubre que me présente la
vallée déserte.

Toujours mêmes pensées ! Toujours des plaintes et
des soupirs sur l'abandon où je vis ! Jeunesse perdue,
existence sans but, et point d'espérance ! Ma vie s'é-
tiole à l'ombre, semblable à ce *Galla d'Ethiopie* que
je vois jaunir sur ma fenêtre, veuve depuis cinq mois
des rayons du soleil ; la pauvre fleur, en étendant
les pétioles et les larges limbes de ses feuilles, ainsi
que la trompe de sa corolle, voudrait percer le verre
qui la sépare de l'espace, du soleil, du grand air. Hélas ! les frimas en un instant l'auraient fait périr ; loin
des rives du Nil, elle n'aura jamais, dans nos contrées

neigeuses, cette puissance de vie que donnent seuls l'existence normale et le ciel de la patrie.

Comme la fleur exotique, comme l'oiseau tombé des plaines de l'air dans une cage étroite, je ne vis pas : je végète.

Travaux agricoles que j'aurais tant aimés, et à votre défaut, études scientifiques et littéraires qui m'auriez passionné, je ne puis vous poursuivre. Il faut que je me résigne à travailler à une insipide broderie, comme la dernière de nos paysannes ; et pour toute distraction, je n'ai que l'affection de ma famille et la vue de ma vallée, plus quelques livres. Les livres, oh ! c'est avec eux que j'ai passé mes plus doux moments.....

..... Une heure s'est écoulée pendant laquelle, appuyé à la croisée et la tête dans mes mains, j'ai revu tout mon passé et cherché à sonder l'avenir. Comme pour fixer enfin ma pensée vagabonde, j'ai saisi au hasard un livre sur ma table, et l'ouvrant, j'ai lu tout d'abord :

« Enfants des hommes, jusques à quand aurez-vous le cœur pesant ? Pourquoi aimez-vous la vanité et cherchez-vous le mensonge ?

« Sachez que le Seigneur fera éclater ses merveilles en faveur de son saint Nom. Le Seigneur m'exaucera alors que je lui adresserai mes cris.

« Offrez au Seigneur des sacrifices de justice et espérez en lui. Plusieurs disent : Qui nous montrera quelques ressources ?

« Seigneur, vous avez fait briller sur nous la lumière de votre visage ; vous avez fait naître la joie dans mon cœur. »

Cette lecture de quelques versets d'un psaume a suffi pour changer le cours de mes idées. Comment cela s'est-il fait ? Comment ce livre est-il tombé sous ma main, plutôt qu'un autre, et comment l'ai-je ouvert à ces versets ? La Providence voulait me retirer du désespoir. « Dieu, dit le Roi-Prophète, est notre asile et notre force, il vient à notre secours dans les afflictions qui fondent sur nous. »

XVI

14 février.

Il y a plus d'un an que mon père, maire de la commune, m'a confié la rédaction de la correspondance administrative et celle des actes de l'état civil. C'est pour moi une distraction ; mais je trouve peu de plaisir dans ces arides griffonnages de papiers timbrés, dans ces affaires d'administration auxquelles je suis resté étranger toute ma vie. Il y a loin de la sécheresse de cette tâche ingrate au charme et à l'élévation des études littéraires et de toutes les occupations intellectuelles, vers lesquelles je me sens porté depuis mon enfance. L'emploi de secrétaire de la mairie ne me sera pourtant pas inutile. Il m'apprend à connaître

le côté de la vie que j'avais jusqu'à ce jour négligé
d'étudier, celui de la réalité. Mes lectures, mes rêveries, l'isolement dans lequel j'ai toujours vécu, me
faussent le jugement. et je vois que le monde tel qu'il
est ne m'est jamais apparu qu'au travers d'un voile
qui m'en dérobait le véritable aspect. Que de choses
à apprendre ! je veux, cette année, m'étudier moi-
même et étudier les autres, mesurer la différence qui
existe entre mes sentiments, le jugement que je porte
sur les hommes et sur les choses, et celui que j'aurais
porté si j'avais été, comme les autres jeunes gens,
libre et élevé dans la société. Cette découverte que
j'ai faite de l'infériorité de mon jugement compara-
tivement à celui d'un certain nombre de paysans
illettrés de ma vallée, est un premier jalon dans la voie
où je veux entrer. Mais comment pourrai-je étudier
la vie réelle? comment saurai-je ce qui ce passe dans
le monde, comment l'on pense, comment l'on agit...?
Je ne puis quitter ma chaumière natale que deux ou
trois fois l'année, conduit dans une petite voiture à
bras aux offices de l'église du village. Alors, je ne
puis confier mes peines qu'à Dieu. Soit pitié, soit
indifférence, personne ne m'adresse la parole. Oh! si
j'avais un ami véritable à qui je puisse me confier,
qui puisse m'éclairer et m'aimer, que je serais heureux ! Mais on dit que les vrais amis sont devenus
introuvables. Serait-ce donc possible? et devrai-je
renoncer à l'espoir d'en rencontrer jamais un?

XVII

22 février.

. . . . . C'était hier; comme toujours la vallée était ensevelie sous une épaisse couche de neige; quelques flocons tombaient en vacillant, d'un ciel voilé de brouillards. Dans les campagnes comme parmi les brumes de l'atmosphère on ne voyait que

« Des vols de corbeaux noirs qui de la voix s'assemblent. »

Appuyé à la fenêtre, je laissais errer ma pensée. Mes regards se portaient sur tous les points de l'horizon, et, fatigués par la blancheur immaculée de la neige, se reposaient enfin sur le travail que j'avais en main et que longtemps j'avais oublié. J'étais triste et oppressé.

Mon frère Louis, si bon pour moi, que je m'étais accoutumé à voir tous les jours, venait de me quitter pour entrer au régiment. Il partait pour la vie de garnison, et, peut-être, pour le champ de bataille! Bien des années s'écouleront avant son retour, et quels événements se seront alors accomplis! Reverra-t-il ceux qui, pleins de santé et de vigueur, l'ont embrassé à son départ? Nous sera-t-il rendu, ou sera-t-il couché sur la terre, sans tombeau? Lui serrerai-je encore la main? — Pourquoi ai-je senti des pleurs jaillir de mes paupières, quand je lui ai donné le dernier baiser d'adieu? Pourquoi mon cœur était-il oppressé au point que je ne pouvais dire un mot? O mystères de l'avenir! Quel sera notre destin?... Je n'espère plus pour moi, mais pour lui. L'avenir est, ce me semble, si riche de perspectives pour qui a vingt ans. Puisse-t-il goûter quelque bonheur, et se conserver bon et honnête, comme il l'a été au milieu de nous!

XVIII

26 février.

Aujourd'hui j'ai été occupé tout le jour à des écritures administratives. Ce matin j'écrivais un acte de mariage. Deux jeunes gens pleins de santé et d'espérances me sont apparus à travers la formule du Code. Je les voyais sourire, se parler à mi-voix, pendant que j'écrivais l'acte de leur union. Ils se pressaient la main dans l'ombre; ils s'aiment, ils sont au comble de leurs vœux. J'enviais leur bonheur; je songeais à Lilie, aux rares jeunes filles qui ont eu de bonnes paroles pour moi. J'aurais été bien triste, bien rêveur tout le jour, si je n'avais eu un travail à terminer qui exigeait une grande application d'esprit.

Je veux essayer de briser avec toutes ces illusions qui me tourmentent le cœur. L'étude sera pour moi le remède. Puisque je n'ai personne à qui confier l'état de mon esprit, personne qui puisse me donner des conseils, je veux être mon propre médecin, comme j'ai été mon maître dans les diverses études que j'ai entreprises.

XIX

2 mars, au matin.

Le ciel commence à laisser percer un rayon de printemps. La neige ne recouvre plus que par places le gazon rougi des coteaux ; la vue se repose enfin sur un aspect moins monotone. Toutefois, aucun indice ne vient annoncer le retour du printemps. Les arbres du taillis lèvent leurs rameaux gris et dépouillés ; chaque plante dort engourdie sous le lit de feuilles et d'herbes flétries qui la recouvre. L'alouette ne vient pas encore égayer de son chant, précurseur des beaux jours, les solitudes des bruyères. Aucun mouvement, aucun bruit, on n'entend que le cri des corneilles et des buses, le chant lointain du coq qui se répercute de colline en colline, et le caquettement des poules qui sortent du poulailler. Toujours la solitude !

XX

6 mars.

Mon frère Constant et moi nous traçons tout un programme d'études charmantes. Initiés aux premiers éléments de la botanique, depuis l'automne dernier, nous voulons herboriser beaucoup cette année, déterminer et nommer les plantes des prairies, des bois et des landes de la vallée. Nos causeries sur ce sujet, en attendant que Flore ramène dans la prairie l'anémone et le narcisce, premières fleurs d'avril, ont pour moi beaucoup de charmes. Je commence à me passionner pour une science que je ne connais pas encore. Mais trop souvent la tristesse assombrit mon âme. Que puis-je rêver d'heureux, de riant pour moi qui soit réalisable? Je n'ai pas d'avenir. Je puis me créer des distractions, augmenter la somme de mes connaissances, mais changer ma destinée, non, à moins d'un miracle de la Providence.

XXI

6 mars, 9 heures du soir.

« Maintenant je suis seul dans ma chambre. Il est nuit.
Tout dort dans la maison ; plus de feu, plus de bruit.
Dormons ! mais je ne puis assoupir ma paupière.
Prions ! mais mon esprit n'entend pas ma prière.

(LAMARTINE.)

Où sont-ils ces temps heureux, où l'avenir m'apparaissait comme au travers des voiles éblouissants d'un beau rêve, où chaque objet me rappelait un souvenir, où chaque jour m'apportait son tribut de craintes, de plaisirs, d'espérances ou de déceptions? J'étais agité alors, mais heureux ; et dans mes plus noirs accès de mélancolie, je n'allais jamais jusqu'à la destruction entière de mes illusions. Soit que je prêtasse l'oreille au bruit des vents impétueux ou au souffle léger de la brise, soit que mes regards s'arrêtassent sur l'étoile d'or perdue dans le firmament bleu, ou sur l'astre argenté des nuits, tout me retraçait une image chère ; les chansons, les fleurs, les nuages, tout me parlait d'elle. Aujourd'hui mon cœur délaissé, trop faible pour briser avec ces illusions du passé, n'a plus où reposer sa mélancolie.

XXII

12 mars.

Je viens de relire les pages de mon journal où j'ai essayé de retracer les premières émotions de mon adolescence. Ces souvenirs m'ont causé moins de tristesse que de douces pensées ; car aucun remords ne s'attache à ce passé presque enfantin et tout naïf. Je ne puis rougir d'avoir écrit un chapitre de ce roman intime, qui charmera au contraire mes jours dans les heures les plus difficiles de ma vie.

Dieu qui a donné l'amour à l'homme et à la femme, pour leur apprendre à le mieux bénir, a su toujours conserver dans mon cœur des sentiments élevés, et aucune amertume ne se mêle au souvenir de ce jour où nous étions, trois enfants timides, assis sur le gazon fleuri, près d'une fontaine murmurante.

Ce fut aussi près du même lieu que je parlai d'amour pour la dernière fois à Lilie, une année après notre entrevue du 16 mai.

Le soleil, penché à l'horizon, dorait la colline de ses chauds rayons. Elle passait par hasard dans le chemin, au bord duquel j'étais venu m'asseoir pour admirer le soleil couchant et les splendeurs d'un beau soir d'été. Contre mon attente, Lilie, qui passait, s'arrêta près de moi, en me souhaitant le bonsoir. Nous causâmes longtemps, et, en nous rappelant la fraîche idylle d'un autre printemps, nous parlions presque comme de grandes personnes. Elle m'assura qu'elle avait toujours eu de l'amitié pour moi, que d'ailleurs elle aimait tout le monde, qu'elle était égoïste en affection (elle voulait dire impartiale : Lilie avait dans son langage des mots recherchés qu'elle ne comprenait pas trop). Enfin cette causerie commença à m'ouvrir les yeux sur le caractère de celle que j'aimais. Je vis que ses sentiments n'étaient pas à l'unisson des miens. Tout en continuant de l'aimer à la folie, je souffrais de ne point rencontrer en elle un écho à la vivacité de mes sentiments, et de voir que nos amours n'étaient plus pour elle qu'une histoire ancienne, sans charme et presque sans souvenir. Hélas ! je n'avais appris à connaître le monde que dans les livres ; j'avais à la vérité très peu lu de romans, mais à cette époque, je prenais dans ma naïveté pour des vérités tout ce que j'avais lu. Je ne connaissais rien du cœur humain, et je jugeais les autres par moi-même.

Quand Lilie me quitta, les premières étoiles s'allumaient au ciel de l'orient ; je revins tout rêveur à la chaumière. Je me dis que c'était par timidité, par pudeur, que Lilie n'avait pas osé me dire qu'elle m'aimait d'amour. J'admirais sa sagesse, sa candeur et son innocence ; je me reprochais de m'être mal expliqué, d'avoir perdu une heure à causer avec elle de banalités étrangères à ce qui faisait le fond de ma pensée, de n'avoir osé hasarder que quelques mots sur le passé que je regrettais. De ces raisonnements, je conclus que j'avais tous les torts, et j'étais aussi mécontent de moi qu'heureux de l'avoir revue gaie et rieuse, me parler dans le chemin.

L'été s'écoula sans que je pusse retrouver l'occasion de m'entretenir avec elle intimement. On se voyait souvent, mais je n'osais plus lui parler d'amour. Je me contentais de la saluer et de parler avec elle comme avec toute autre paysanne du coteau. Vers l'automne, elle devint de moins en moins affable avec moi. J'attendis un nouveau printemps. Quand mai fit épanouir les giroflées et les lilas, j'offris à Lilie un bouquet de ces fleurs parfumées qu'elle aimait. C'était un dimanche, où elle revenait des vêpres. Elle le refusa. Depuis, je n'ai plus osé lui offrir de fleurs, ni lui parler d'amour, mais j'ai bien souffert en l'aimant..... Un jour, dans quelques années, quand je serai devenu sage, que mon jugement sera plus mûr, je prendrai en pitié ces tristesses, dont le poids oppresse encore mon cœur; mais, je l'ai dit, je n'aurai rien à me reprocher. Je fondais l'amour que j'avais pour Lilie dans celui que j'avais pour Dieu et pour toute la nature. Oh! si j'avais eu alors le talent de rendre mes idées, mes impressions de chaque jour, quelle idylle, quel poème j'aurais tiré de ces fraîches et printanières amours !

XXIII

16 mars, au soir

Un soleil plus doux vient dorer la campagne, toujours vêtu de son manteau de neige. Je m'éveille le matin aux rayons du jour et au chant de l'alouette,

« Qui n'a que joie et cris dans sa voix de poète. »

L'équinoxe approche; l'hiver sera bientôt écoulé, et je pourrai dire adieu à la triste solitude du foyer et au morne silence des campagnes engourdies.

C'est sous l'ombrage naissant de mon vieux noisetier, près de mes fleurs nouvellement épanouies, que j'irai me remettre des ennuis d'une captivité de cinq mois et de l'agitation d'un esprit trop facilement emporté par une imagination orageuse. En écoutant le premier chant des fauvettes, en respirant l'air tiède et embaumé du printemps, je saurai bien s'il n'est pas une plus douce volupté que celle des passions, et si Celui qui pare nos campagnes flétries, qui fait gonfler les bourgeons et épanouir les fleurs, ne ramènera pas aussi le printemps dans mon âme.

XXIV

19 mars (saint Joseph).

Il me vient à cette date un souvenir d'enfance, de cet heureux temps où je jouissais de la liberté, où j'allais à l'école du hameau.

Mars allait finir; le soleil, à travers les nuages gibouleux, faisait fondre vers le milieu du jour la neige durcie pendant la nuit et qui ne restait plus que par lambeaux dans les plis de terrain exposés au nord. Petits garçons et petites filles se disaient, en allant à l'école : « Maman a dit que c'est aujourd'hui la Saint-Joseph, le jour où les oiseaux se marient. — Oui, regarde, voilà les rousses-pédelles (bruant jaune) qui vont ensemble; bien sûr qu'elles commencent leur

nid. — Je sais bien où il sera, le nid, moi; c'est
là-haut, sous la roche, dans le buisson; il y en avait
un l'année dernière; nous irons le chercher quand on
n'ira plus à l'école. » — « C'est-y bientôt Pâques? »
demandait un autre. Et le plus savant comptait :
« Encore douze jours... et nous n'irons plus à l'école,
et nous aurons des œufs de Pâques... »

Et la petite troupe s'en allait en courant, car les
écoliers marchent rarement : ils courent ou ils s'arrêtent, comme les souris.

On quittait l'école le Jeudi saint; le lendemain on
mettait tremper le bois d'Inde, et le samedi au soir,
on le faisait bouillir; puis on faisait cuire dans cette
teinture une douzaine d'œufs pour jouer, plus une
demi-douzaine qu'on bariolait à l'avance avec un bout
de chandelle taillé en crayon. Quand on se réveillait
le lendemain, c'était le grand jour de Pâques. S'il faisait beau, petits et grands allaient à la messe : c'était
chemin faisant, ou sur la place du village, qu'on trouvait les camarades et qu'on s'invitait mutuellement
à venir jouer aux œufs. Pendant l'après-midi les amis
et les amies venaient; et quels cris, quels trépigne-
ments! Que d'œufs cassés avant la fin du jour!

En me rappelant ces souvenirs enfantins, il me
sembla un moment que j'avais encore sept ans, et je
voyais ma bonne mère distribuer à toute la petite
troupe de ses enfants et de leurs joyeux camarades,
de longues tartines d'œufs... Qu'il est loin ce temps-
là! C'est aujourd'hui la Saint-Joseph : les oiseaux

chantent, s'accouplent comme alors : mais où sont-elles mes joies d'enfance?

XXV

25 mars.

Aujourd'hui a lieu, dans l'église du village, la première communion des enfants, sainte et poétique cérémonie, dont le souvenir ne s'efface jamais et remplit l'âme d'une douce émotion.

Ma sœur Félicité, vêtue d'une simple robe blanche, ouvre son âme candide à l'attrait de la grâce divine. Un Dieu parle en elle, et des pleurs de tendresse et de bonheur coulent dans ses yeux à la voix de notre bon pasteur, qui peint à ses enfants la félicité de leur innocence, le grand acte qu'ils viennent accomplir, et les dangers qui les attendent dans le cours orageux de la vie.

Oh! le beau jour que celui-ci, où, comme tous ces enfants, je sentis battre mon cœur du même amour et des mêmes espérances! La nature semblait s'être parée de sa robe d'été, le grillon chantait sous l'herbe et la fauvette dans les vertes charmilles; une pluie de fleurs tombait des pommiers roses, et l'œil était charmé de la verdure des campagnes. C'était au commencement de mai 1846. Déjà la liberté, la santé m'étaient ravies, mais j'espérais le rétablissement de mes forces. Il me semblait même que Dieu m'avait guéri.

Depuis ce jour bien des printemps se sont ajoutés à ceux que j'avais vus, et la solitude, une solitude complète, m'a isolé du monde. Mon âme ardente et naïve m'a livré à toutes les aspirations de la jeunesse. J'ai rêvé l'amour, une épouse, une famille, un avenir indépendant, et, dans mes veilles mélancoliques, mille songes riants venaient me peindre le bonheur. J'ai cru l'avoir trouvée, celle qui pouvait sécher mes pleurs solitaires, et, quand son souvenir et sa présence m'étaient devenus indispensables, je l'ai vue m'oublier. Seul avec mes illusions envolées, j'ai soupiré et pleuré souvent. O jour heureux de ma première communion, où malgré la souffrance physique, tout était encore espérance dans ma jeune âme, que ne puis-je revoir un instant ton beau soleil !

XXVI

1ᵉʳ avril.

Ce matin, l'air était doux ; la neige venait de disparaître ; pour la première fois j'ai passé le seuil de ma retraite, depuis le jour où les premiers froids m'ont chassé de nos prairies.

J'ai revu les débris de mes fleurs d'automne, les gazons verts de l'été dernier roussis et recouverts d'herbes sèches. Près du banc où je me repose, à l'abri d'un tertre où s'épanouissaient les premières pâquerettes, j'ai trouvé la violette, qui étalait ses premières feuilles et ses boutons naissants. L'hiver avait fait périr le reste.

Et pourtant quel moment délicieux j'ai passé à revoir ces vestiges d'une année qui n'est plus, ces squelettes d'une végétation d'un autre printemps! Sur ces pailles éparses ont fleuri les passe-velours, les immortelles, les balsamines, dont j'ai respiré le parfum et dont je composais des bouquets pour les personnes qui venaient égayer ma tristesse et visiter mon ermitage. Malgré ce banc en ruines et ces gazons boueux, j'aimais à me représenter à mes côtés les rares amis qui venaient avec moi admirer le soleil couchant, dont les derniers rayons ruisselaient comme une pluie d'or à travers les rameaux verts des hêtres, écouter le chant des oiseaux qui s'élevait du fond des taillis depuis l'aube jusqu'au crépuscule, voir la vallée et ses riches moisons, et respirer les parfums rafraîchissants recueillis par le vent sur les prairies en fleurs et sur les bruyères de la colline.

Mon esprit errant de souvenirs en souvenirs me reportait aux rêves auxquels je me suis abandonné tant de fois dans cette solitude à la vue d'une fleur éclose avec l'aube, du rouge-gorge ou du pinson qui avait posé son nid près de ma retraite, ou de l'étoile qui le soir se levait toujours la première dans le ciel bleu. Je cherchais à reconstruire ces inspirations si fécondes en douces émotions ; mais, je ne sais pourquoi, mon âme restait froide et triste comme les végétaux morts couchés à mes pieds. J'entendais le chant de l'alouette, des pinsons et des rouges-gorges, compagnons de ma solitude : on eût dit qu'ils venaient me revoir et m'égayer après six mois d'absence. J'aurais voulu à mon tour leur faire comprendre ce que mon cœur ressentait, leur montrer ma reconnaissance, et leur dire que, plus heureux que moi, ils pouvaient aimer et chanter leurs amours.

Hélas ! ces pensées, je les ai renfermées en moi-même, personne n'est là pour recevoir mes confidences.

XXVII

8 avril (jour de Pâques).

Aujourd'hui de grand matin, j'ai quitté la maison pour aller aux offices de l'église où mes frères m'ont conduit sur une petite voiture à bras. Les cloches sonnaient leurs plus joyeuses volées. Le peuple paré de ses habits des grandes fêtes, se pressait dans le sanctuaire, où étincelaient les ornements et les cierges. J'ai mêlé mes adorations et mes vœux à ceux de la multitude. Je me suis senti remué dans l'âme, en respirant cette atmosphère d'encens, surtout en écoutant les accords et l'harmonie de l'orgue et des instruments d'une société musicale, qui alternaient avec les chants graves du rite romain.

J'aurais dû être heureux, et pourtant il y a long-temps que je n'ai versé autant de larmes qu'aujour-d'hui.

Dans cette foule riante et parée, parmi cette jeunesse joyeuse et si belle, qui passait sous mes yeux ou s'asseyait près de moi, je n'ai vu que des indifférents ou des curieux qui me dévoraient du regard, et s'en allaient en haussant les épaules. — Pour le pauvre infirme plus d'amis!

Je me suis efforcé de sourire à ceux qui m'ont adressé quelques mots; mais des larmes troublaient ma vue et décelaient malgré moi une tristesse immense; et, confus, je m'esquivai loin des regards d'une société à laquelle je ne puis plus appartenir.

Là où je croyais avoir trouvé l'estime, l'amitié, la considération, je ne rencontre plus que la pitié, je ne sais quel sentiment de charité dédaigneuse ou indifférente. Innocent, je suis proscrit du rang que je pourrais avoir parmi les hommes. Je vivrai à charge aux autres, et je disparaîtrai sans laisser de regrets.

Ce soir, seul, je pleure dans l'ombre et dans le silence. Le sommeil même, semblable au monde indifférent, m'abandonne, et ne vient point faire trêve à ma tristesse. Je cherche à me rappeler le bonnes paroles que nous a dites aujourd'hui le ministre du Dieu des affligés : « Heureux ceux qui pleurent, car ils seront consolés. » Privé de tout plaisir en ce monde si sombre pour moi, je reporterai mon cœur et mon espérance vers l'éternel Consolateur.

XXVIII

10 avril.

Je ne saurais dire ce qui se passe dans mon esprit, lorsque, sous l'ombrage naissant de mon ermitage, je ne vois autour de moi que les scènes champêtres du travail, que les tableaux de la paix. Poésie, roman, philosophie morale ou religieuse, je mêle tout dans mon imagination. Je vois l'homme s'épuiser en vains efforts, courant d'illusions en illusions, pour atteindre ce fantôme qu'ils appellent le bonheur. Le bonheur! ne devrait-il pas être dans cette calme et belle vallée, sous ces modestes toits, parmi ces bonnes gens si simples qui les animent? Hélas! ceux qui vantent le bonheur des champs sont des poètes qui n'ont guère vu des choses que la surface. La nature humaine est chez nous soumise aux mêmes fléaux que dans les villes ou dans les palais. Soulevez les toits, ouvrez les cœurs, que de misères! Ici, dans cette maison blanche et riante, au milieu de la verdure, une veuve avec de jeunes orphelins impuissants. Là, un mari ivrogne qui n'apporte que la ruine et l'épouvante à l'inté-rieur. Ici un labeur incessant qui mine le corps sans donner beaucoup de joie à l'âme; là, des rancunes qui troublent tout le voisinage, et, pour un filet d'eau, des procès qui dépouillent les plaideurs. Ici, la mort qui ravit une fille à sa mère ; là, un misérable séducteur qui déshonore une famille pauvre. Les jeunes dissipent la jeunesse comme si elle était sans fin ; la vieillesse avare a peur de la vie, et n'ose en rien dépenser.

Singulière agitation! Lutte terrible que la vie! Le bonheur n'est-il donc que la poursuite d'un rêve? Notre existence me paraît parfois comme un songe pénible, et c'est alors que je me rattache à la pensée consolante de la récompense éternelle, qui attend au sortir de l'exil sur cette terre celui qui a souffert, aimé et espéré en Dieu.

Ici-bas, pas de bonheur parfait et durable. C'est à nous à savoir en ramasser les miettes qui nous tombent du ciel.

Sous le feuillage naissant où je philosophais ainsi, j'ai été interrompu dans mes rêves par le chant d'un roitelet, qui était venu se percher au-dessus de ma tête sur un bourgeon à peine éclos. J'ai écouté avec plaisir sa douce chanson. « Charmant oiseau, tu chantes et moi je soupire. Le printemps, en te rendant les beaux jours, vient égayer ton nid et tes innocentes amours. L'aurore et le crépuscule te trouvent voletant sur la branche, sous le toit, dans le vieux mur et sur le rocher moussu. Le soir, quand tu glisses rapide et sans bruit dans un rayon de soleil, portant la becquetée de mousse qui doit abriter ta famille, on te dirait plus heureux encore. Ta compagne t'attend en chantant sur le mur, et les derniers feux d'une belle journée éclairent votre bonheur commun. »

XXIX

13 avril.

Aujourd'hui, par ma fenêtre ouverte, pendant que j'étais occupé à des écritures pour la mairie, je prenais plaisir à entendre le chant cadencé d'un oiseau qui perchait sur les plus hautes branches d'un chêne, au bas de l'enclos du Pré-Tonnerre. C'était la grive chanteuse, à la voix puissante, le grand ténor de l'orchestre de nos bocages, le rossignol de notre froide région.

Le chant de cet oiseau commence et finit avec ses amours; il est sentimental et très varié, surtout quand on l'entend le soir, au soleil couchant, à la lisière des grands bois pleins d'échos qui couronnent notre montagne. Il y a dans les mélodies de la grive musicienne des sifflements, des roulements, des cadences et des passages que l'oiseau sait moduler avec un très grand nombre de nuances. Je viens de m'assurer qu'il peut varier ses notes au point de chanter pendant un quart d'heure sans se répéter. En l'écoutant attentivement, on éprouve une idée des émotions que doit ressentir ce virtuose champêtre. Les roucoulements plaintifs des tourterelles, les notes brèves du pinson, les mélodies amoureuses du rouge-gorge se retrouvent en partie dans la chanson de la grive. Il y a des élans passionnés, des plaintes, des refrains joyeux, des sons graves ou aigus qui peignent tour à tour l'amour, la joie, la tristesse, la passion, le contentement, la mélancolie. C'est en écoutant le chant de cet oiseau, qui m'a égayé pendant une partie du jour, que j'en suis venu à pouvoir en quelque sorte le fixer par l'écriture. Chaque note est ordinairement répétée trois fois, sauf quand l'oiseau s'interrompt ou qu'il est distrait :

« Voui-voui, voui-voui, veui-voui... Kou-u... kou-u, Kou-u... Voï-voï, voï-voï, voï-voï... Foï-eu, foï-eu, foï-eu... Kou-ue, kou-ue, kou-ue... Foï, foï, foï... Kouî-coq, kouî-coq, kouî-coq... Vouï-iou, vouï-iou, vouï-iou... Krü, krü, krü... Kuriqui, kuriqui, kuriqui... Tiridia, tiridia, tiridia... Uî, uî, ui... Rèbèrèque, rèbèrèque, rèbèrèque... Ou-iou, ou-iou, ou-iou... Kouiki, kouiki, kouiki... Stulia-lio, stulia-lio, stulia-lio... Kuriquiqui, kuriquiqui, kuriquiquî... Sré, sré, sré... Koulei, koulei, kouleî... Quique, quique, quique... Rudico, rudico, rudico... Krîcou, krîcou, krîcou... Krouquïeu, krouquieu, krouquieu... Croû, croû, croû... Couéi, couéi, couéi... Cou-ie, cou-ie, cou-ie... Tru-i, trui-, tru-i... Kri-û, kri-û, kri-û, etc. etc. (1). »

La grive ne siffle pas deux fois les mêmes notes dans la symétrie où je les ai notées. Son chant n'a pour ainsi dire, ni commencement ni fin, et les par-

___

(1) M. Xavier Thiriat se rencontre sans s'en douter avec Aristophane, qui, dans la comédie des *Oiseaux*, s'est plu lui aussi à noter le chant des oiseaux de l'Attique. (M. Ant. Campaux.)

ties en sont distribuées au hasard, mais chaque note a son ton et sa mélodie propre, distincte de celle des notes voisines.

Dire tout le plaisir que m'a causé, en ma vie, le chant de la grive, est impossible. Au retour de chaque printemps, depuis mon adolescence, j'ai toujours passé de longues heures à l'écouter en rêvant. Toutes mes méditations poétiques de cette saison ont eu quelque chose qui s'identifiait avec les chansons de cet oiseau et celles du rouge-gorge. Le rossignol m'aurait sans doute charmé davantage encore; mais jamais je ne l'entendrai dans le vallon froid et montagneux où je suis destiné à passer mes jours.

XXX

16 avril, à l'Ermitage.

Une tiède brise a balayé les nuages, et vient mollement caresser les gazons verts et les rameaux surchargés de boutons gonflés par la sève et près d'éclore. Des myriades de moucherons s'éparpillent et s'ébattent aux rayons du soleil ; de frais et légers papillons déploient leurs ailes diaprées et se laissent follement emporter au souffle du vent, montent, descendent dans un rayon de soleil, et viennent de temps en temps se reposer sur la blanche anémone qui ouvre son calice d'or parmi la jeune verdure. Le cou-

cou fait entendre sa joyeuse chanson sur la lisière des grands bois, tandis que, dans le bosquet touffu, gazouillent le rouge-gorge, la mésange, le pinson, et que des légions d'alouettes chantent au-dessus des bruyères leurs printanières amours.

Pour la première fois, je me suis installé dans ma retraite d'été. J'ai ressemé des fleurs autour de mon banc solitaire, en prêtant l'oreille aux bruits de la nature éveillée, au souffle du vent qui m'apporte de loin le chant des oiseaux et ceux des laboureurs épars sur les collines. Près de moi, sur la branche du pommier qui me fera un abri de son feuillage, un pinson fait entendre sa joyeuse chanson et bâtit un nid, doux voisinage que me prépare la Providence, pour me distraire pendant la riante saison des fleurs.

XXXI

19 avril.

Le froid a été assez vif aujourd'hui. Je n'ai pu sortir qu'un moment. J'aurais voulu refaire ma courte promenade d'hier. Le printemps me rappelle chaque année à l'étude de la nature, et c'est sur le sol, en plein air, que j'étudie le mieux. J'ai déjà récolté beaucoup de plantes, dont je connais maintenant les noms, et que j'ai desséchées pour l'herbier que je me propose de faire. L'attention aux phénomènes les plus simples suffit pour me rendre heureux. L'étude de la nature, en élargissant la sphère de mes connaissances, élève ma pensée et me détache du charme passager des folles passions.

C'est surtout dans les bois que j'aime à goûter ce je ne sais quel idéal vaporeux, séduisant, qui m'enveloppe et me parle par tous les sens, par toutes les facultés. Le chant des oiseaux, si varié, grave, aigu, cadencé, plaintif ou joyeux, est pour moi comme les notes d'un grand instrument, auquel la voix des vents, semblable au bruit lointain des flots, sert de basse. Là, je n'aperçois que des arbres aux longs bras, dont la cime semble porter le ciel qui s'étend comme un pavillon élégant sur ces demeures paisibles et solitaires. Ces arbres mêmes, dont les rameaux à moitié dépouillés sont recouverts d'une longue mousse grise, semblent inspirer le respect et font songer aux vieilles forêts druidiques si pleines de terreur.

Combien de fois me suis-je surpris dans ces majestueuses retraites à envier le sort des Arsène, des Paul, des Bruno, dont la vie s'est écoulée dans des solitudes pareilles, sans autres témoins que le désert et les bêtes sauvages, sans autre asile qu'une simple cabane bâtie auprès d'un rocher ou d'un arbre séculaire, sans autre soin que celui de leur salut, sans autre espérance que celle de la vie éternelle !

XXXII

27 avril.

Le souffle du nord a ramené les frimas de l'hiver. Pendant huit jours la neige a recouvert la verdure naissante des prairies. La blanche sylvie a fermé son calice, et sa tige s'est penchée vers le sol : l'oiseau a suspendu ses chansons, et moi j'ai repris ma place au foyer.

De sombres idées sont venues de nouveau m'assaillir. Je me sens malade, et des douleurs physiques viennent aggraver ma tristesse. Je voudrais que personne vînt ne me voir. Il y a des moments où une visite me fait maudire la société.

J'ai cependant bien tort de me plaindre des autres. Tous ceux qui viennent me voir m'aiment, et ce n'est pas toujours parce qu'on a besoin de moi comme secrétaire de la mairie qu'on vient s'asseoir devant ma table. Plusieurs bonnes gens m'accordent de la science ou de l'esprit, que sais-je? Et assez souvent, le dimanche, en hiver surtout, quelqu'un vient me demander un service. L'un vient lire le journal; il faut parler politique. L'autre veut faire écrire à un fils militaire; je dois rédiger la missive, et montrer sur la carte la ville où le fils tient garnison. A tous, il faut souvent démontrer la forme du globe, le moyen de connaître sur la carte la position géographique d'un lieu. On explique quelque peu de cosmographie; je tâche de faire comprendre à mes auditeurs la cause de la variation des saisons et des longueurs des jours, surtout le mouvement de rotation de la terre, chose que je n'ai pas encore pu mettre dans la tête des plus intelligents, malgré la clarté aussi grande que possible de mes démonstrations. Quelquefois j'explique pourquoi tel pays est brûlant et tel autre glacé, pourquoi des forêts de sapins au nord et des forêts de palmiers dans la zone torride, et mille autres phénomènes que je ne comprends et ne sais souvent qu'à demi, car la source où je puise la science est bien peu abondante pour moi.

Eh bien, ce demi-savoir élémentaire que je ne dois qu'à Dieu et à moi-même, qui me fait passer pour un savant parmi les bons habitants de mon coteau, qui m'a valu quelques délicieuses jouissances, n'est aujourd'hui pour moi que la découverte de mon ignorance. Je désespère d'apprendre plus, avec le peu de ressources que j'ai, dans mon complet isolement du monde; et il me semble que je ne pourrai jamais dégager mon esprit des langes qui l'enlacent et le serrent. Seul, j'éprouve moins ce tourment, et voilà pourquoi, malgré la supériorité relative que j'ai sur les braves gens de mon entourage, je préfère la solitude. Qui m'arrachera donc à la misanthropie?

XXXIII

29 avril.

Nous venons de mettre pour la première fois notre troupeau dans les pâturages. En voyant bondir de joie les vaches, en entendant le son de la clochette, je me suis rappelé les souvenirs de mon enfance qui se rapportent à cette date de l'ouverture de la saison pastorale.

Il y a quinze ou vingt ans que, pendant la belle saison, les terrains communaux vagues et incultes de nos riantes vallées vosgiennes étaient couverts de troupeaux paissant la vaine pâture ; depuis, les choses ont bien changé, et maintenant, par suite de divers progrès en agriculture, presque tous les cultivateurs ont adopté la stabulation permanente. Sur notre colline, il n'y a plus que trois ou quatre petits troupeaux, au lieu de vingt que j'ai vus dans mon enfance.

Quand, comme aujourd'hui, les gazons fauves de l'hiver étaient devenus verts jusqu'au sommet des montagnes, et que les labours d'avril étaient terminés, le père disait : « Nous lâcherons nos vaches demain. » — Et les enfants étaient bien joyeux. Les garçons préparaient la clochette en grosse *tolle*, graissaient le collier et ficelaient des mises de fouet. Les petites filles allaient couper dans les haies de grandes verges, et le lendemain, après la rosée évaporée, on mettait les troupeaux en liberté. Pendant une demi-heure, ce n'étaient que sauts, gambades, courses, luttes entre les bêtes. On finissait par les mettre d'accord, et elles broutaient avec délices l'herbe tendre le long des murs et des petits ruisseaux.

Dans un pays comme le nôtre, où les maisons sont isolées, souvent à une grande distance l'une de l'autre, et où les relations entre voisins, grands et petits, sont rares, les enfants d'un même coteau se voyaient rarement en dehors des entrevues de l'école et du pâturage. Ils aimaient donc à profiter de toute la liberté qui était accordée aux troupeaux, c'est-à-dire à se transporter dans les communaux partout où ils voulaient, afin de se voir et de louer. Les parents recommandaient bien de conduire les vaches dans les vallons solitaires, dans les lieux herbeux ; en cela, ils ne considéraient que l'avantage du bétail ; mais les vachers étaient souvent contrariés de leur obéir. Leur but, à eux, en allant *aux champs*, était de s'amuser. Les enfants de la même localité trouvaient donc toujours moyen de se réunir avec les troupeaux sur un point central du pâturage. On parlait d'abord des vaches les plus méchantes, des nids d'oiseaux qu'on avait découverts, puis on jouait et on formait des rondes.

Qu'elles étaient joyeuses ces rondes champêtres, et comme on s'amusait dans ces jeux enfantins ! Je revois tout ce temps-là, en entendant les clochettes des troupeaux qui sont les mêmes, qui babillent la même

gamme qu'à l'époque où se reportent mes plus lointains souvenirs.

XXXIV

2 mai.

Ce matin, pour chercher une diverison à mes idées
chagrines, j'ai fait une petite promenade le long des
prés émaillés d'anémones et de primevères. Assis sur
la lisière d'un taillis de bourdaines et de charmilles,
je me suis rappelé ces jours d'autrefois où je venais
en ce même lieu, en cette même saison, écouter le chant
des fauvettes et livrer mon imagination à tous les ra-
vissements qu'inspire la jeune et riante nature, et à
tous les prestiges mystérieux d'un premier amour.
Ces souvenirs d'un temps plus heureux me faisaient
rêver tristement, et ce refrain lugubre : plus d'espérance, retentissait au dedans de moi.

Hélas! j'ai perdu, il y a trois ans, le plus tendre et
le plus solide des appuis, notre mère adorée; j'ai
perdu la liberté, le bonheur; des amis m'ont trahi;
celle que j'aimais m'a abandonné. Je sens mes facultés s'éteindre, mon cœur se dessécher, mon âme se
flétrir sans rien perdre de sa cuisante énergie. Mon
Dieu! mon Dieu! que deviendrai-je?

Et en parlant ainsi, je laissais couler des larmes,
dont personne ne venait interrompre le cours, et qui
ne me soulageaient que faiblement.

Alors j'ai entendu une voix, et relevant la tête, j'ai vu venir à moi un ami dont je me croyais oublié, et qui a ranimé mon cœur... Bon Julien, cher compagnon de ma jeunesse, que de droits vous avez acquis à ma reconnaissance ! Toujours je me rappellerai votre visite d'aujourd'hui, votre affectueuse bonté, vos consolantes paroles ; vous avez été pour moi l'ange qui a soutenu Tobie dans l'exil. Toujours je le garderai, ce petit crucifix que vous portiez sur vous comme une relique de Monseigneur... et que vous m'avez donné, en me disant : « Voilà l'image de Celui qui fut triste jusqu'à la mort et qui a souffert pour nous. Acceptez ce don comme un gage d'amitié, afin que vous y puisiez des motifs de consolation. »

En me quittant, il m'embrassa et promit de revenir me voir. Je puis donc encore avoir des amis ! O mon Dieu ! que vous avez été bon ! Un jour comme celui-ci me relève et me rend plus fort.

XXXV

7 mai.

Quel concert harmonieux s'élève des charmilles verdoyantes et des blancs cerisiers ! Partout le chant des fauvettes, des pinsons et des alouettes se mêle au murmure de la brise qui passe. L'air est parfumé des douces exhalaisons de la végétation

naissante. Mille insectes s'ébattent sur la verdure luxuriante des prairies, se posent dans la corolle des fleurs,
ou voltigent dans les rayons d'or d'un soleil vivifiant.
Partout la vie et le bonheur dans la riante nature!

Doux mois de mai, que j'aime à te revoir, couronné
de verdure et paré de fleurs! La création entière,
dans un hymne immense d'amour et de reconnaissance, bénit le Bienfaiteur tout-puissant et chante ses
merveilles. Et moi, du fond de ma solitude, témoin
sensible de tant de beautés, d'harmonies et de grandeur répandues sur les créatures, je mêle ma voix à
cet immense concert d'amour qui monte de la terre
vers les cieux.

Ce matin, j'ai recueilli quelques plantes en fleurs
autour de ma retraite, et je me suis occupé à les clas-
ser. Chaque jour m'apportera des fleurs et des espèces
de plantes nouvelles. L'immense livre de la nature
est ouvert sous mes yeux ; il sera ma principale étude.

Dans mon ermitage entouré de fleurs et d'oiseaux,
il n'est plus de place pour la mélancolie. Aujourd'hui,
je sens un charme que je ne connaissais plus.

XXXVI

9 mai.

Ce soir, j'ai lu pendant une heure dans un livre
qui enthousiasmait ma jeune imagination à l'âge de

sept ou huit ans, alors que je pouvais à peine lire et
que je ne connaissais rien du monde, de l'histoire, de
la mythologie, et de la poésie, alors que je n'avais
rien lu que mon abécédaire et un abrégé de la
sainte Bible. Ce beau livre que je ne comprenais
pas et que j'aimais tant, c'était le *Télémaque* de
Fénelon.

Je comprends maintenant ce poème, j'en vois
toutes les beautés, et cependant en le feuilletant je
ne retrouve plus mes impressions premières. C'est
comme celui qui, pour la première fois de sa vie,
entend un grand concert, une musique délicieuse,
et qui depuis l'entend tous les jours. Un an après,
ses impressions ne sont plus celles du premier jour.
Nous sommes accoutumés aux splendeurs de la nature, aux étonnantes variétés des phénomènes de
l'atmosphère, des jours et des saisons, et un très
grand nombre de spectateurs de ces magnificences
n'y font pas attention. Ils sont blasés sur tant de
merveilles. Mais que le plus matériel, le plus igno-
rant de nos paysans ait vécu jusqu'à l'âge mûr
dans un souterrain, et qu'un jour il soit subitement
mis en présence de cette nature si magnifiquement
ornée, il en sentira à un degré éminent toutes les
beautés (1). *Télémaque* paraissait à ma jeune imagination un poème divin; j'y trouvais une sorte de

____

(1) Xavier Thirial ne se doute certes pas qu'il se rencontre ici
avec Aristote, qui, dans un magnifique fragment rapporté par Cicé-

musique. C'était peut-être d'autant plus beau pour moi que je ne saisissais que cette mélodie des phrases, et que je ne m'attachais guère à leur signification. Ce livre m'ouvrit des perspectives inconnues, tout un champ de rêveries. J'en parlai à mes camarades en allant à l'école, mais ils ne me comprenaient point.

Dois-je bénir le Ciel de m'avoir ainsi doué? Quel emploi ai-je fait de ce don?... Jusqu'à ce jour mon imagination a été la folle du logis.

XXXVII

10 mai.

Ma plus douce occupation, mes heures de calme et de bonheur, ce sont celles que j'emploie à mes observations sur la nature. Les plantes, les oiseaux, les insectes, les phénomènes de l'air, tout cela me ravit, m'occupe et me fait oublier mes tristesses en m'enlevant au monde des humains. La découverte d'une fleur jusqu'alors inconnue pour moi ou d'un coléoptère nouveau, me remplit de joie ; il me semble que j'ai gagné une fortune. C'est ainsi que la solitude n'est plus cette année un désert pour moi; elle est

ron dans le *De natura deorum*, exprime absolument la même pensée. (M. Ant. CAMPAUX.)

peuplée d'habitants que j'aime et avec qui je converse. Il y a là toute une poésie que je ne connaissais pas et qui m'aide à comprendre Bernardin de Saint-Pierre, plus aimable que profond naturaliste. Ce sont vraiment les heures joyeuses de mes jours.

Un des travaux qui me procurent les plus douces jouissances, c'est la rédaction de mes observations quotidiennes sur la météorologie de ma vallée. Voilà cinq ans que j'envoie régulièrement mes observations sous forme de résumé mensuel à l'*Echo des Vosges*, sans y avoir manqué un seul mois.

Qui lit mes articles? Je n'en sais rien, et je ne m'en occupe pas. Du reste, il paraît que cela est utile, puisque c'est M. le Sous-Préfet de Remiremont qui m'a demandé ce petit travail. Je m'y applique du mieux que je puis, mais, sans livres spéciaux, sans instruments de précision, j'ai longtemps tâtonné et fait des observations peu complètes. De même, pour la rédaction de mon résumé mensuel, j'ai besoin de la plus grande indulgence de mes lecteurs, si j'en ai. Le silence qui s'est fait jusqu'à ce jour sur mes observations est-il une marque d'indifférence pour moi ou pour la science? Je le saurai plus tard. Mais je serais un ingrat, si je ne consignais ici que c'est à M. Ch. Charton, alors rédacteur de l'*Annuaire des Vosges*, que je dois le premier encouragement qui m'a été donné. C'est lui qui, dans l'année 1851, inséra dans sa publication mes observations. Quand je les trouvai imprimées dans l'*Annuaire* de 1852, j'avais 16 ans. Non, jamais je n'ai ressenti une émotion pareille à celle qui me frappa, en me voyant ainsi imprimé dans un livre qui était envoyé à tous les maires. Je me crus alors un savant !

Souvent, quand le ciel est sombre, que le vent siffle dans les arbres dépouillés, et que la nature en deuil augmente ma mélancolie habituelle, j'aime à feuilleter mes anciens registres de météorologie. J'y vois selon les heures, les jours et les saisons, le tableau des phénomènes qui m'ont tour à tour charmé ou attristé.

Je notais avec soin la floraison des plantes, la feuillaison des arbres, l'aspect riant et sombre de ma vallée. J'ai comme une réminiscence des impressions que j'éprouvais en écrivant cela ; je revois ce premier ciel bleu du printemps où se promènent les blanches toisons des nuages, ce soleil splendide de l'été, les bois jaunissants de l'automne, et le givre étincelant de l'hiver. Il me semble encore ressentir la même joie enfantine à la vue de la première anémone au bord de la haie, du premier populage près de la source, et du feuillage des hêtres et des sycomores. J'entends les mêmes oiseaux gazouiller sur le taillis qui m'a vu naître, et qui peut-être me verra mourir. Tout ce qui m'a vu grandir, rêver, pleurer ou sourire est là dans ce journal météorologique, et je le relis tous les jours dans la nature.

O douce et belle nature, toujours changeante et toujours la même, qu'il est doux de te contempler aux lieux où l'on est né !

XXXVIII

11 mai.

La cloche du hameau sonne l'*Angelus* du soir,
heure de silence, de recueillement et de prières. La
lune nouvelle brille comme un arc d'argent au-dessus
de la colline. Un bruit, une harmonie vague, lointaine,
se répand dans les airs. C'est la voix du ruisseau
qui coule dans la vallée, le chant des rainettes
et des grenouilles du marécage avec le souffle léger
de la brise agitant le feuillage.

En écoutant ces sons religieux et ces voix si pures
qui m'arrivent à travers la distance, à l'aspect de
cette nature si riante et si fleurie, je ne sais quoi de
mystérieux et de doux remue mon âme et l'emporte
sur l'aile de la rêverie vers des régions inconnues où
je crois entendre comme un écho mourant des cé-
lestes symphonies.

XXXIX

14 mai.

Quand j'avais sept ans, que je gardais les troupeaux
de mon père dans les pâturages, depuis la fin d'avril
jusqu'en octobre, je faisais comme les anciens bergers,

j'observais le ciel et la nature. Je savais lire, mais aucun livre d'histoire naturelle n'était tombé sous ma main, sauf un seul vieux bouquin de mon grand-père et qui était intitulé : *Abrégé de toutes les Sciences.* Comme le tonnerre et l'éclair m'impressionnaient vivement, j'en cherchai l'explication dans la partie de mon livre consacrée à la physique. Je ne sais quel était l'auteur de ce livre, ni à quelle époque il avait été écrit ; mais l'explication du phénomène du tonnerre que j'appris de mémoire était absurde. Je ris encore en me la rappelant, et surtout au souvenir d'une singulière conversation que nous eûmes entre nous tous, enfants du même âge, en gardant nos troupeaux. O simplicité !

L'un disait : Le tonnerre, je crois que c'est le bon Dieu qui roule un gros tonneau du haut en bas des escaliers du Paradis.

— C'est pas ça du tout, disait un autre : c'est comme si on roulait une boule de jeu de quilles sur un plancher raboteux.

— Faut pas dire des choses comme ça, reprenait une petite fille ; maman dit que l'éclair, c'est la main du bon Dieu, et que le tonnerre, c'est sa grosse voix qui gronde quand on a été méchant.

— Eh bien ! moi, je pense, dis-je à mon tour, que c'est de l'air qui est pressé entre deux gros nuages. Celui du dessous ne peut descendre, étant arrêté par l'air inférieur, et celui du dessus, devenu plus lourd par la quantité de pluie qu'il renferme, descend très vite et force l'air à s'échapper avec bruit. C'est écrit ainsi dans un livre que je lisais l'autre jour.

— Les livres! dit un gros garçon, papa dit qu'il ne faut jamais s'y fier, et que le papier se laisse écrire. Il dit pour le tonnerre qu'on ne saura jamais ce que c'est (1).

— Ah! ben oui! dit un autre, maman disait l'autre jour, que saint Jean pria sept ans pour savoir ce que c'était que le tonnerre, et que, quand il le sut, il fut si épouvanté, qu'il pria sept autres années pour ne plus le savoir.

Les cris « la lutte! la lutte! » qu'un de nous répétait, nous firent séparer en toute hâte. Deux troupeaux de vaches s'étaient rejoints et luttaient tête contre tête. Les petites se sauvaient bien loin, et les garçons, armés de leurs fouets, finirent par séparer les troupeaux sans qu'aucune corne fût tombée dans la bataille.

Cette naïve conversation, dont j'ai encore tous les traits présents à la mémoire, me rappelle aussi que cette année je tentai d'expliquer aux enfants de ma colline le mouvement du soleil. Je leur disais que c'était le soleil qui marchait et que la terre était immobile. C'était là le résultat de mes observations ; et, enfant, je parlais comme l'homme dans l'enfance de l'humanité. Personne ne m'ayant dit le contraire,

____

(1) Cette croyance est encore partagée par l'immense majorité des habitants des campagnes. (*Note de l'auteur.*)

et n'ayant reçu aucune notion de cosmographie, j'émettais mes idées enfantines avec conviction, tout en pensant que je voudrais bien qu'on fît des livres pour expliquer ce que je voyais.

Trois ans plus tard, une maladie terrible me clouait sur un lit de douleur. Hélas! je ne vis le printemps et l'été qu'au travers d'une fenêtre devant laquelle on plaçait ma couchette le jour pour que je puisse entendre les oiseaux et voir le ciel bleu et la verdure.

X L

15 mai.

Pendant les longues journées et les longues nuits d'une année entière passée sur un lit, et quand je pus avoir assez de force pour tenir un livre, je me trouvai bien heureux. Un bon instituteur, qui m'avait pris en affection, m'apportait presque chaque jour, avec ses consolations, un livre instructif, et il engageait tous ceux qui avaient quelques volumes à me les apporter. Après les livres amusants, je m'attachai de préférence à ceux qui pouvaient m'enseigner quelque chose. Mais parmi les livres que je lus cette année, il y avait beaucoup de vieux bouquins scientifiques, qui me donnèrent des notions inexactes sur les sciences et sur l'orthographe. J'ai eu plus tard beaucoup à rectifier mes connaissances sur ce point.

Je lus toutefois avec fruit plusieurs *Annuaires des Vosges,* par M. Charton. J'y trouvai de longs articles sur la météorologie, et ils décidèrent de ma vocation pour les observations qui forment la base de cette science.

Dès le printemps de 1847, je voulus commencer à écrire jour par jour des notes sur les principaux phénomènes qui se passaient sous mes yeux dans l'atmosphère. Ces ébauches me feraient bien rire aujourd'hui, si je n'avais perdu ce premier cahier de mes observations. Que pouvais-je faire, livré à moi-même, sans guide, sans conseils? Quelle rédaction, sans français, sans orthographe! Je ne parlais ni de la pesanteur de l'air, ni de la température, n'ayant pas les instruments nécessaires pour les connaître, mais je notais les belles et sombres journées et mes impressions à la vue des beautés du printemps et des horreurs de l'orage et de la tempête. Du reste je ne voyais dans ce travail qu'un amusement de peu de valeur, et les exigences du régime auquel j'étais assujetti à cause de ma maladie me le firent abandonner, mais sans trop de regret.

En 1849, la collection complète des *Annuaires des Vosges,* et la *Statistique du département,* que je trouvai dans les archives de la mairie me ramenèrent à mes observations. Après avoir copié dans ces ouvrages une foule de renseignements qui pouvaient m'être utiles, je repris l'étude de la météorologie de ma vallée, sans thermomètre et avec un baromètre défectueux, qui n'avait plus d'échelle, et pour lequel je dus en faire une, graduée en millimètres. Puis, ô bonheur! voilà qu'un ami de la famille me donna un thermomètre au commencement de décembre 1851.

J'étudiai un peu de grammaire, de géographie, de cosmographie; un ami complaisant me prêta un traité de physique, que je lus et relus avec une sorte de passion, et je compris enfin les phénomènes météorologiques que je notais, les nuages, la pluie, le tonnerre, la neige et la gelée.

O les petits-neveux de mes frères, si vous lisez jamais les confidences que je jette sur ce papier, dites : Notre parent eut quelques jours de vrai bonheur, et c'est le travail qui les lui a donnés.

XLI

16 mai.

Non, ce n'est ni faiblesse, ni lassitude, quand je retombe dans mes douloureuses rêveries. Me sentir fort, digne d'être libre, et être enchaîné dans un étroit enclos où je ne puis même partager les travaux de mon père et de mes frères! Mon horizon intellectuel s'élargit. J'ai beaucoup appris depuis un an, mais je suis confiné toujours dans le même cercle et le même horizon! Je puis à peine, une ou deux fois l'an, entrevoir, de la limite de ma vallée, un autre coin du monde. Chacun a sa tâche autour de moi, tâche rude, mais qui me semblerait bien douce, si je pouvais l'accomplir ; je les vois tous, dans ce bon peuple, monter et descendre les pentes abruptes, pliant sous les fardeaux ; ils défrichent, piochent, labourent ; la sueur ruisselle des fronts : on répare les chemins dégradés, on fait des murs de roches pour soutenir les terres, on sème, on laboure, on récolte, et moi, impuissant, je brode, je lis, j'écris ! C'est à peine si je peux m'occuper de quelques travaux d'intérieur dans le ménage : fabrication du fromage, couture, préparation des repas. Se sentir homme et n'être rien !

XLII

17 mai.

Hier, j'ai monté jusqu'au sommet de la colline ; je me suis reposé sur les bruyères. Du haut des rochers parmi lesquels je me suis avancé avec peine, j'ai vu dans toute son étendue notre belle vallée de Cleurie, dont les extrémités se perdaient dans un lointain bleuâtre.

Dieu ! qu'elle était charmante à voir avec ses fermes éparses, ses bosquets, ses prairies, son ruisseau, ses hameaux, sa route blanche et poudreuse, et sa couronne de forêts ! Comme j'aimais à étendre partout mes regards si longtemps resserrés dans l'étroit horizon de ma solitude !

Sur ces plateaux élevés qui furent dans mon enfance le théâtre de mes jeux, parmi ces rochers escarpés et sauvages que j'ai escaladés tant de fois avec des cris joyeux, j'ai retrouvé tout un monde de souvenirs. Mon cœur se serrait en comparant ces jours d'autrefois avec ceux d'aujourd'hui..... J'ai revu ces témoins muets, et j'éprouvais le désir de leur confier ma douleur comme à de tendres amis.

Le soleil, près de disparaître, dorait de ses derniers feux le sommet de la colline, et rendait plus sombre un nuage noir, qui s'étendait au-dessus de la forêt. Une vingtaine de corbeaux croassaient en volant en rond sous la nue orageuse. Le vent du soir vibrait légèrement dans les rameaux ; on eût dit un bruit lointain de vagues. Des chants de bergers, des voix robustes de laboureurs, se répercutaient dans les plis des collines et se joignaient au concert de la grive, qui réveillait de sa gamme mélodieuse les échos des bois déserts.

Cette vallée en fleurs, ces splendides feux du couchant, ces mille bruits mystérieux de la nature, ces forêts enveloppées d'une brume dorée et ce sombre nuage faisaient naître dans mon âme, déjà émue par tous mes souvenirs, des sentiments indicibles d'admiration et de mélancolie.

XLIII

22 mai, au matin.

Le soleil levant teint de reflets vermeils la cime des bois qui couronnent les hauteurs. Un léger nuage de vapeur, pénétré des rayons du matin, flotte comme un voile transparent de pourpre et d'azur le long des coteaux.

Que notre vallée est fraîche et riante ! C'est une corbeille embaumée de verdure et de fleurs, baignée d'une rosée limpide qui festonne les jeunes arbustes et brille sur la tige mobile des herbes comme une pluie de diamants.

Une douce brise caresse mollement le tendre feuillage. Partout des chants d'oiseaux. Aux premiers sourires de l'astre qui lui donne l'éclat et la fécondité, la nature enchantée se réveille ; dans les prés, sur les bruyères, au fond des bosquets, partout des murmures, des bruits mélodieux, des chants de fête, partout le mouvement et l'allégresse.

Je m'enivre de ces hymnes de bonheur ; et mon âme, entraînée par le tableau de ces magnificences, s'élève sur les colonnes aériennes de vapeurs bleues qui montent vers le ciel comme un encens du matin, et je bénis l'Auteur de la nature.

XLIV

25 mai.

Dans ces jours splendides où la nature étale tout son luxe de végétation, je vais souvent m'asseoir dans quelque coin solitaire de la colline pour admirer l'éclat du paysage de la vallée à l'heure où le soleil se lève, et au moment où il disparaît dans la pourpre du couchant. Je me promène du regard et le cœur plein d'émotion dans ces riants parterres de la nature.

Cette extase ne me fait point oublier le sol que je foule. Des plantes que je n'avais pas remarquées viennent apparaître à mes yeux, tandis que je me plais à revoir les espèces que j'ai analysées et dont les noms ne me sont plus inconnus. Sur le fond vert des graminées, dans la prairie qui entoure mon ermitage, d'élégantes renoncules parent de leurs bassinets d'or l'éclat un peu monotone du tableau. Au bord du sentier, le frais myosotis, fleur de l'amour et du souvenir, près de la source, cette fleur d'azur encore avec le populage et sa riche corbeille de feuilles vernies, partout, autour de moi, la cardamine, les gracieuses orchidées, le sceau de Salomon, les muguets, les véroniques, la violette sauvage fleurissent entremêlées et parfument l'air que je respire.

Sur le rocher aride, l'élégant genêt velu a étendu ses réseaux dorés, et quand le soleil a disparu derrière la montagne, et que de loin je jette un regard vers la pelouse abrupte que je viens de quitter, il me semble que les derniers feux du soleil l'illuminent encore et se sont fixés aux flancs bruns du rocher.

Les pommiers, qui ont fleuri tardivement cette année, plient sous le poids de leurs fleurs, semblables à des églantines par la forme et le parfum. La fauvette gazouille tout le jour dans ces touffes éblouissantes, et la brise emporte avec elle les senteurs les plus suaves pour en remplir les airs.

XLV

27 mai.

Le ciel si limpide, l'air embaumé, le chant de la joyeuse fauvette, tout cela n'est plus. Un sombre brouillard couvre la terre, le vent souffle froid, violent et âpre. Les pommiers sont flétris ; l'herbe des prairies s'est couchée sous les coups de la tempête, et chaque fleur en s'inclinant a refermé sa corolle brillante et parfumée.

Ainsi s'évanouissent les illusions dont s'égaye encore quelquefois mon imagination... Aujourd'hui je trouve un certain charme à contempler cette nature bouleversée par l'ouragan, ces arbres courbés et frémissants, ces fleurs brisées par la tempête. Les roulements lointains de la foudre trouvent un écho dans mon âme. Je compare cette teinte lugubre du ciel, cette atmosphère humide et froide avec le paysage riant et fleuri qu'il y a si peu de jours j'aimais tant à contempler, et en même temps ma destinée m'apparaît nébuleuse comme un jour d'orage, et un jour qui ne doit point finir. La nature reprendra son éclat : moi, jeune encore, je vois fuir sans retour la jeunesse avec sa beauté, sa liberté et son bonheur.

XLVI.

29 mai.

Il est assez singulier de voir comment mon âme s'identifie avec la nature. Quand la terre parée sourit au ciel bleu, je sens mes rêveries devenir douces et riantes. Elles s'assombrissent quand l'aspect des campagnes est triste, quand le soleil n'éclaire plus la colline et que le vent gémit. Il suffit souvent d'une éclaircie au ciel pendant un jour sombre pour que mes idées changent de couleur. C'est une remarque que j'ai faite souvent, surtout cette année.

XLVII

5 juin.

Montaigne a dit quelque part : L'homme est un sujet merveilleusement vain, divers et ondoyant. Si je n'en jugeais que par moi, la maxime ne serait que trop vraie. Je flotte constamment, non pas dans mes opinions, dans les sentiments qui sont le soutien de ma pauvre vie, mais dans la direction des pensées que chaque jour amène et dans ma disposition d'humeur. Aujourd'hui la nature m'enchante, demain son aspect me jettera dans la tristesse. Tantôt l'étude est toute ma joie, tantôt je crains d'ouvrir un livre, dans l'idée de mon impuissance ou de l'inutilité de la science pour moi. Ardeur ou découragement, joies d'une minute et tristesses invincibles, voilà les alternatives de mes jours, je pourrais dire de mes heures.

Souvent je me surprends en accès de gaieté rustique avec mes frères ou quelques compagnons du voisinage, mais alors il me semble presque que j'ai changé de nature. Je chante quelquefois, je chantais même beaucoup avant que nous ne perdissions notre mère ! Il m'est arrivé de rire comme un gai compère, mais presque toujours je paye ces élans de gaieté par des retours plus poignants de tristesse.

O Montaigne, donnez-moi la liberté, je donnerai un démenti à votre maxime.

XLVIII

7 juin (dans la forêt).

Quelle solitude imposante ! quelle obscurité ! quel ombrage ! Un tapis d'herbes fines et serrées couvre la terre comme un duvet, et de toutes parts s'élèvent vers le ciel, dont ils semblent être les supports, de gigantesques sapins qu'une épaisse toison de mousse grise recouvre du tronc à la cime.

Je poursuis ma promenade. Tout est silencieux. Je n'entends plus ces chants de fauvettes et de pinsons qui égayent le seuil de ma demeure. Ici c'est le désert. Parmi ces sapins altiers et ces jeunes pépinières qui entremêlent leurs rameaux résineux, il n'arrive à mes oreilles que des cris de corbeaux, de geais et de buses. Tout est grave et solennel dans la solitude des grands bois.

Ici le sol a perdu sa molle verdure, et le pied ne foule que des débris, des rameaux desséchés. Partout se dressent des rochers moussus. J'entends un doux murmure, c'est celui du filet d'eau qui filtre entre les pierres, à l'ombre éternelle de l'épaisse fûtaie. Que l'onde de ce ruisseau est limpide dans ce lit d'argile et de cailloux polis qu'elle a su se former! Que j'aime cet ombrage, ce ruisseau murmurant, et ce je ne sais quoi qui me remplit d'émotion dans cette solitude!

Autrefois, bien jeune encore, je venais en ces lieux. La fontaine coulait déjà cristalline comme aujourd'hui; je passais inattentif devant son onde transparente. Agile et plein d'ardeur, j'allais, cherchant la couvée que la grive avait cachée dans le fourré épais. Aujourd'hui cette même source ne me voit plus sourire; ses charmes ne me laissent pas indifférent, mais ils me jettent sur la pente des tristes rêveries...

Sapins gigantesques, rochers imposants, ombrages mystérieux, j'aime vos voix et vos aspects sauvages. Oh! si en entrant dans ces sombres retraites on pouvait oublier ses maux, que de fois vous me verriez vous demander le bonheur!

XLIX

9 juin.

Fleurs brillantes qui m'enivrez de parfums, prés verdoyants et fleuris, doux ombrages de ma solitude, vous n'avez aujourd'hui aucun charme pour moi. L'oiseau dans la feuillée lisse en gazouillant les plumes de son aile; l'hirondelle vogue sous les cieux; tout chante et sourit... et pourtant mon âme est en deuil!

O journal, ami consolateur, c'est à toi que je viens confier ma souffrance...

L

12 juin.

Les jours, les nuits, les mois s'écoulent, et nul incident ne vient rompre la monotonie de mon existence, si ce n'est la visite de quelques habitants de la commune qui viennent pour affaires administratives voir mon père, ou l'arrivée d'une lettre qui m'apprend que loin de moi quelqu'un s'intéresse encore à mon sort.

Le dimanche, quand j'entends la cloche joyeuse appeler tout le peuple aux offices de l'église, que je vois la jeunesse riante descendre la colline pour aller au village, que je fais retour sur moi seul proscrit de ces fêtes périodiques du monde chrétien, c'est alors qu'en moi tout s'assombrit et que je vais chercher dans l'étude ou dans la lecture une diversion que je ne trouve pas toujours.

Souvent dans l'après-midi de ces longs jours de dimanche ou mon père, mes frères et mes sœurs sont absents, je quitte aussi le logis et je vais dirigeant ma pénible promenade parmi les prairies en fleurs et le long des haies ombreuses. C'est dans ces champs de la nature que tout est pour moi matière à observations et source des plus douces distractions.

Quelle ample moisson de plantes vient enrichir mon herbier! Quel coup d'œil ravissant m'offrent ces vastes jardins naturels. Sur les tapis des vertes graminées se détachent la marguerite des prés, si gracieusement appelée la *fleur de Saint-Jean*, la stimulante arnica, l'aromatique meum, la gentille raponcule, les panaches roses de la lychnide sauvage, les touffes gracieuses du silène enflé, la renoncule au disque d'or, le trèfle des près aux têtes purpurines et les tiges élevées de la grande oseille que balance le vent le plus léger. Au-dessous de ces fleurs géantes

des prairies, parmi les graminées et les cypéracées à
formes naines, j'aime à découvrir les véroniques azu-
rées, aux formes si charmantes, le polygala aux
grappes d'un bleu ravissant, les blanches alsinées et
les rhinantes si remarquables de formes et de nuances,
la piloselle, étoile d'or des gazons, le bugle à la pyra-
myde de fleurs bleues, les orchidées, le genêt sagitté
aux tiges plates, semblables à des feuilles, le plantain,
l'alchimille et tant d'autres espèces que mai vit éclore
dans ces parterres, et qui brillent encore de leurs
teintes sombres au milieu des élégantes fleurs de l'été
qui les entourent.

Au bord de la fontaine où je vais me reposer croissent en abondance plusieurs épiaires, les valérianes
aux fleurs en corymbes, la labrée aquatique, l'orchis
maculée, les rossolis, la dorine, la canneberge aux
fleurs roses, aux tiges si fines, qui couvrent les mon-
ticules de sphaignes, l'épilobe des marais, la montée
des fontaines et beaucoup d'autres plantes que je me
plais à recueillir, à étudier tout en rafraîchissant mon
front baigné de sueur dans l'eau claire qui coule sur
le sable de la rigole.

Dans les haies touffues, sur la lisières des grands
bois et parmi les rochers où je me hasarde parfois, le
sceau de Salomon, le muguet verticillé, le mayan-
thème au parfum si suave et d'une forme si gentille,
les liondents, les éperviaires, les lysimaques aux
fleurs d'or, la sauge des bois, la tormentille, mêlent
leurs fleurs au feuillage des épilobes, du prénanthe

pourpre, de la grande digitale et de diverses graminées dont la floraison est plus tardive.

Dans les bruyères les yeux sont fatigués de l'or des genêts qui plient sous le poids de leur toison éclatante. Le fond du tableau, dans ces lieux agrestes, présente peu de fleurs. La piloselle, la tormentille, le serpolet, la crunelle, le gaillet des rocailles et la bruyère se sont partagé presque tout l'espace non humide, et semblent faire la guerre aux vertes graminées, broutées encore de préférence par les dents des troupeaux.

Des myriades de grillons éparpillés sous les touffes de bruyères et parmi les hautes herbes des prairies, chantent nuit et jour la riante saison d'été qui s'avance; de frais et brillants papillons voltigent sur la prairie; des mouches, des scarabées, aux nuances les plus riches, se promènent dans l'herbe, sur le feuillage, sur la terre, ou dorment dans le calice des fleurs.

Les eaux de la source ne sont pas moins habitées. Entre les larves immondes et ternes qui rampent dans la vase, les gerris élégants, qui se promènent à la surface de l'onde limpide et les libellules gracieuses qui volent en rond au-dessus des étangs, que de moucherons, de coléoptères, d'insectes de toutes sortes, de toutes couleurs ! Je me plais à considérer ce monde d'insectes qui vit au milieu de cet autre monde de végétaux dont chaque individu me devient familier. Le papillon qui vole, l'abeille qui butine de

fleur en fleur en bourdonnant, la fourmi qui traîne
au loin un fétu ou un insecte mort, la chenille qui
file sa coque, l'araignée qui tend entre deux tiges ou
deux rameaux ses réseaux perfides et légers, l'oiseau
qui chante dans la feuillée, le nuage qui se forme,
qui grossit, qui passe sur la montagne, l'ondée à l'horizon, le souffle du vent, les mille voix des champs,
l'harmonie enivrante, indicible qui s'élève de la vallée, tous ces aspects toujours divers, ces tableaux
animés et changeants, ces voix murmurantes me
remplissent de sensations inexprimables. Pendant
des heures entières mon esprit trouve dans ces impressions pénétrantes un calme réparateur.

LI

13 juin.

Au temps où nous gardions les troupeaux, lorsqu'arrivait la Fête-Dieu, c'était pour nous une ré-
jouissance. On parait le devant des maisons de beaux
mais en feuillages, et nous étions très occupés à tra-
cer sur le sable, au seuil de notre porte, des croix
des ostensoirs et des guirlandes avec des fleurs de
genêts, des pivoines et des fleurs de prairies. Nous
faisions aussi dans les rochers de beaux reposoirs
avec des branches de sapin, de genêt, de la mousse
et des fleurs sauvages. Pendant plusieurs jours on

était fort occupé, et les troupeaux étaient parqués soir et matin près du lieu où s'élevait l'autel en feuillage. Il y avait toujours des réparations à faire ; le soleil et le vent flétrissaient si vite la verdure et les guirlandes.

Au fond de la niche nous disposions, faute de mieux, une croix qu'un de nous avait fabriquée au couteau, et c'était devant cette croix que nous disions nos prières du soir, quand les sons de l'*Angelus* s'élevaient vers la montagne des clochers de la vallée. Doux souvenirs de mon enfance !

Les vertes pelouses de la montagne étaient alors témoins de bien des jeux que nous avions appris à l'école, dans les récréations, et que nous nommions de noms patois. Le *colon-brayon*, où l'on courait si fort, où l'on riait tant ! la *patte-chatte*, qui consistait à donner un coup sur le dos à un camarade et à se sauver jusqu'à ce qu'il l'eût rendu à quelqu'un qui, à son tour, essayait de le rendre ; le *colin-maillard*, ce jeu des bergers, des écoliers et des jeunes gens dans les veillées ; le *garde*, où l'on simulait l'arrestation, le jugement et la condamnation d'un délinquant en forêt ; la *cache-pierre*, ce jeu favori des petites filles ; les *pierrottes*, qui, sous le nom de jeu des osselets, amusaient déjà les Romains et les Grecs, et qu'on jouait les jours de pluie, à l'abri d'un rocher ; le *plomb*, le *ruban*, etc., enfin le *cache-cache*, ou *conterre*, qui avait surtout le privilège de nous amuser.

Puis, avec tout cela, il y avait la saison des sifflets

et des trompettes, au commencement de mai, quand l'écorce des saules et des bouleaux se détache si bien en la battant sur le genou avec le manche du couteau ; les belles pédiculaires rouges dans les pelouses humides, qui donnent tant de miel à sucer dans leurs corolles ; les premières brimbelles, qui étaient si délicieuses et qui barbouillaient si bien la figure et les habits ; les fraises et les framboises le long des haies, tout cela était bon et amusant On avait aussi les joncs si longs et si flexibles, avec lesquels on tressait de jolis paniers pour mettre les fraises et les brimbelles qu'on rapportait aux jeunes frères et sœurs restés à la maison. On en faisait aussi des chapeaux chinois, au sommet desquels on plaçait, en guise de pompon, une grosse pivoine rouge.

Chaque jour avait ainsi sa joie.

Mais aussi la médaille avait un revers. Dans chaque troupeau il y avait des vaches excessivement gourmandes et voleuses ; elles ne laissaient échapper aucune occasion de s'esquiver du pâturage commun pour s'en aller soit dans les hautes herbes des clairières de la forêt, soit dans les prés et les champs des coteaux. Les échos répétaient, avec le tintement mélodieux des clochettes, les mugissements des vaches et des taureaux, le claquement des fouets des bergers et leurs cris d'appel énergiques aux bêtes qui s'écartaient. Il suffisait souvent de crier bien fort le nom de l'animal, avec une voix menaçante, pour le faire arrêter, mais pour peu de temps. Une fois que l'habitude d'aller en dommage est prise par ces animaux, aimant par-dessus tout l'herbe volée, ils ne s'en corrigent plus, et n'aiment que les enclos défendus.

En courant pieds nus par les bruyères et les gazons, on s'écorchait souvent, car on n'avait pas le temps de songer où poser les pieds. Si on mettait ses sabots, ou tombait à chaque pas, car le bois sur l'herbe devient très glissant. On marchait aussi quelquefois sur des abeilles, sur des bourdons en train de sucer leur miel quelque part, et on était douloureusement piqué. D'autres fois, c'était un nid de guêpes qu'on éclaboussait en passant, et elles poursuivaient comme des furies les enfants et les troupeaux.

Non, tout n'était pas plaisir dans la vie pastorale, mais la peine et la fatigue s'oublient vite.

LII

15 juin.

Depuis quelques jours, je jouis d'un repos d'esprit et de cœur que je ne connaissais plus, je trouve une grande douceur dans tout ce que je fais. J'ai même chanté comme si j'étais heureux. Je ris, je cause et les rêves douloureux s'évanouissent. Ah ! si je ne me sentais comme cloué au sol, je crois que je serais un des premiers à donner le branle aux folles gaietés rustiques.

LIII

16 juin.

Mes frères viennent de m'annoncer que le premier dimanche où le temps sera au beau fixe, ils veulent m'emmener dans ma voiture à bras, faire une promenade par-dessus les plateaux qui dominent notre montagne, à Chèvre-Roche. J'en sauterais de joie, si je pouvais. J'ai si rarement l'occasion de secouer mes idées noires au dehors que je me réjouis de cette excursion comme d'une fête. Depuis les beaux jours où je pouvais marcher, je n'ai quitté notre coteau que peu de fois, et je n'ai pas voyagé plus loin qu'aux deux extrémités de la vallée, à Saint-Amé, mon village paroissial, et au Beillard en janvier dernier. Un jour, pourtant, je fus conduit à Remiremont, mais j'ai rapporté de ce voyage, à trois lieues de ma solitude, un tel ennui que je jurai de n'y plus retourner.

Ah! si le Ciel m'eût rendu la liberté, que j'aurais aimé les voyages et les promenades de touristes! Voir pour savoir, tel eût été mon but. Je voudrais parcourir nos montagnes, herboriser moi-même au bord de nos lacs et sur les vallons, étudier les curiosités de mon pays, les mœurs des habitants, l'histoire de chaque localité (1).

(1) Xavier Thiriat a donné suite à cette idée en publiant l'*His-*

J'irai donc à Chèvre-Roche et m'enivrerai de la poésie des yeux. Là-haut je pourrai voir une grande partie de la chaîne des Vosges.

LIV

20 juin.

Que j'aime à me reposer sous le feuillage de ma tonnelle de houblon sauvage ! Quand je suis là, étranger au monde, sur le banc de mon jardin, depuis cinq heures du matin jusqu'à huit heures du soir, et quelquefois plus tard, que je travaille à un ouvrage manuel ou que j'écris, en ne me laissant pas aller à des tristesses trop renouvelées, j'éprouve une quiétude indicible. C'est pourquoi j'aime mon ermitage, et il me paraît beau, tout petit qu'il est !

Trois pas en mesurent l'étendue, et devant ma table de bois, je puis recevoir largement deux amis. Mon petit enclos de verdure est tapissé d'un sable fin, et il est fermé du côté de la vallée par une plate-bande où fleurissent genêt d'Espagne, violiers-jaunes, soucis, pavots, marguerites, œillets d'Inde, polémoines, pivoines, dahlias, pâquerettes, dauphinelles, un peu pêle-mêle, avec une bordure de gazon. Mon

toire de la vallée de Cleurie, in-12, 460 pages. (Chez l'auteur, à Gérardmer. Vosges). Prix : 3 fr.

A. C.

banc est pareillement encadré dans une plate-bande adossée à un rocher, et tout autour de moi sont des plants de pensées épanouies. Sous une touffe de ces fleurs, j'ai posé un nid de linottes, contenant cinq petits ·encore jeunes, et c'est là que je les élève au milieu des fleurs.

Mon séjour me paraît enchanteur d'aspect et de grâce champêtre. J'ai en face de moi la plus ravissante des collines, et tout près, ici un bois de hêtre, là quelques beaux et grands arbres disséminés, sur lesquels chantent les pinsons, les rouges-gorges et les fauvettes.

Que de rêves et de tristesses ont effacé ou voilé tant de beautés !... Pourtant quand, le soir, les dernières lueurs du crépuscule se mêlent à la lumière argentée de la lune, quand on n'entend plus que l'écho lointain du murmure des ruisseaux ou les dernières chansons du rouge-gorge perché sur la charmille où repose sa nichée, alors je me sens parfois guéri, et les moments passent rapides et heureux. A cette heure de calme et de majesté, une sorte de béatitude me remplit ; les bras croisés, l'œil tour à tour fixé sur la terre ou dans l'espace, je ne me sens plus, pour ainsi dire, de ce monde ; les sentiments religieux inondent mon cœur, et, soit bonheur, soit tristesse, bien souvent mon émotion se trahit par des larmes qui ne sont connues que de moi seul.....

L V

21 juin.

Au temps de mon enfance, nous préparions à cette époque le bois pour le feu de joie de la Saint-Jean d'été. Cette fête périodique du *feu de Saint-Jean* avait lieu toujours le dimanche le plus près du 24 juin, si ce jour n'était pas un dimanche. Un peu après le coucher du soleil, on mettait le feu au bûcher, vaste amas de genévriers, de genêts, de branches de sapin, de bruyères, disposé sur un des plateaux culminants de la colline. La flamme s'élevait en développant une immense colonne de fumée blanche. Tous les jeunes gens des montagnes et des vallées de la Haute-Moselle allumaient à la même heure ces feux de joie. On ne voyait partout que lueurs scintillantes dans les pâturages, à l'heure où s'allumaient dans les plaines de l'azur les premières étoiles. Sur les hauteurs qui confinent l'horizon, on ne savait parfois si l'astre qui brillait à la limite du ciel et de la terre était une étoile du firmament ou un feu de berger; la ressemblance était complète dans la ligne lointaine et bleuâtre.

On acclamait par de frénétiques *iou hhihhie* (1)

(1) Cri de joie des montagnards vosgiens. (*Note de l'auteur.*)

ces pyramides de flammes, et ces ondoyantes et blanches fumées de genévriers. Les enfants du versant opposé de la vallée répondaient par le même cri, qui varie tant dans ses intonations et qui se fait entendre de si loin. Ces expressions de joie duraient tant que le bûcher flamboyait, pendant qu'on luttait de colline en colline à qui ferait resplendir le plus beau feu. Ensuite, les danses commençaient et chaque localité fournissait ses rondes. Il était nuit depuis quelque temps quand on se séparait pour ramener les troupeaux à leurs étables, et on se donnait rendez-vous à l'an prochain. Il y a une dizaine d'années qu'a pris fin cet usage poétique du *feu de Saint-Jean.*

C'est en me transportant péniblement comme aujourd'hui que j'ai pu assister au dernier qui a eu lieu dans la vallée. Je ne pouvais que sourire à la joie des autres adolescents. Je n'avais pas perdu tout espoir cependant, et je ne savais pas que jamais je ne pourrais plus danser de rondes sur la montagne.

LVI

24 juin.

Je l'ai fait hier, ce voyage pittoresque de Chèvre-Roche. Après un instant donné à la poésie des montagnes, il n'a été qu'un rire et qu'un amusement continuels. Serait-il donc vrai que la poésie est plus dans la disposition de notre âme que dans les choses elles-mêmes? Et le rire aurait-il aussi sa poésie? Quoi qu'il en soit, la journée a été si bonne pour moi que je me sens presque changé. Secoué vigoureusement de mes idées habituelles, je reviens en riant encore à tous les incidents aimables ou grotesques de mon voyage. Comme je n'en veux pas perdre le souvenir, je viendrai, ô mon cher journal, te le conter de point en point.

LVII

25 juin.

C'était avant-hier dimanche : il faisait un temps splendide. Il était une heure quand je montai sur ma petite voiture. Trois de mes frères étaient avec moi et se chargeaient de la conduire. Le frère de Lilie vint aussi avec nous. Avec ces quatre jeunes et gais compagnons, je ne pouvais guère engendrer la mélancolie.

Nous partîmes tout joyeux, munis d'une longue-vue. Un soleil ardent dardait ses rayons ; mais bientôt nous atteignîmes les sapins dont l'ombrage fut pour nous un port de relâche. Mon attelage tirait, poussait tour à tour, babillant et riant. Pour moi, qui m'étais promis de trouver beaucoup de poésie dans ma tournée, comme si la poésie était soumise à notre volonté, je crus qu'il était bon d'envisager les choses de manière à la faire naître. Malgré les soubresauts déplaisants imprimés à mon rustique véhicule par les cailloux et les ravines d'un chemin scabreux, où ne passa jamais la main d'un ingénieur ni d'un prestataire, je me mis à déclamer en entrant dans la forêt :

> Voici l'étroit sentier de l'obscure vallée ;
> Du flanc de ces côteaux pendant des bois épais,
> Qui, courbant sur mon front leur ombre entremêlée,
> Me couvrent tout entier de silence et de paix.
>
> Là, deux ruisseaux cachés sous deux ponts de verdure
> Tracent en serpentant les détours du vallon ;
> Ils mêlent un moment leur onde et leur murmure,
> Et non loin de leur source ils se perdent sans nom.
>
> La source de mes jours comme eux s'est écoulée ;
> Elle a passé sans bruit, sans nom et sans retour ;
> Mais leur onde est limpide, et mon âme troublée
> N'aura pas réfléchi les clartés d'un beau jour !

La mélancolie de ces vers de Lamartine, qui me revinrent en mémoire, je ne sais pourquoi, ajoutait un charme particulier aux premières impressions que firent sur moi l'ombrage sombre et la mystérieuse solitude des sapins moussus. Mes compagnons avaient fait silence soit pour m'écouter, soit pour se reposer. Déjà je cherchais une rime pour l'accoupler au vers suivant :

> O liberté si chère, où sont ces temps heureux...

quand une secousse, pareille à celle qu'on doit ressentir sur un volcan en éruption, faillit me renverser
et coupa la parole à ma muse.....

Le chemin devint enfin plus praticable. Aux cailloux roulants succéda un tapis vert et moelleux qui
n'imprimait plus de secousses à ma sonore charrette,
et je goûtais sans peine les charmes d'une promenade
en forêt. Nous étions au milieu d'une pépinière de
jeunes épicéas, dans lesquels fuyaient quelques mésanges craintives. Les échos nous apportaient pour tout
bruit les cris d'une gélinotte perdue de sa compagne
ou de sa progéniture, et que le babillage de mes
frères mit en fuite et força à se taire.

LVIII

Nous n'étions encore qu'au milieu de la forêt, que
ma pensée impatiente se transportait aux limites pour
jouir de l'immense étendue qui se présente aux regards
du haut de la montagne. Je ne puis rendre le sentiment
que j'éprouvai en débouchant de la forêt sombre, à
la vue subite du vaste horizon qui s'ouvrit sous mes
yeux. Au sortir de l'obscurité, quel spectacle magique! Toute la chaîne des Vosges depuis le ballon
de Giromagny jusqu'aux hauteurs d'Hérival! Vagney
était à nos pieds, et l'aspect de cette belle vallée de
la Moselotte et des montagnes étagées qui s'échelon-
nent jusqu'aux confins de l'horizon, me tenait immo-

bile d'admiration. Je n'avais encore toutefois sous les yeux qu'une partie de la scène ; je commandai à la troupe de se remettre en route, afin d'arriver bientôt sur le plateau culminant de la montagne qui domine tout.

Comme nous passions devant la maison de Joson Gigant, lequel était devant sa porte, il fallut à toute force nous arrêter. Il avait des cerises : il voulait nous les faire goûter. Ces gens-là sont des meilleurs que je connaisse ; c'est le vrai type montagnard. Aussi nous n'eûmes garde de refuser l'hospitalité d'un moment. Joson alla vers son cerisier et remplit de fruits mûrs la poche unique de son long tablier de toile grise, les déposa dans un panier pour en chercher d'autres tandis que nous mangions les premiers. Trois fois de suite il retourna à son arbre, malgré nos instances et nos remerciements. Après ce goûter délicieux, il fallut encore remplir nos poches de cerises, puis nous remerciâmes ces bonnes gens et nous repartîmes joyeusement.

Un de mes frères avait sa clarinette. De temps à autre il soufflait dedans et ne réussissait qu'à la faire crier d'une manière pitoyable. Il avait beau lui donner à boire à toutes les fontaines, cela ne faisait que de l'enrouer davantage. Voyant qu'il n'en pouvait rien tirer de bon, après l'avoir grondée, sermonnée et boudée, il la jeta sur la voiture et la laissa couver son rhume tout à son aise.

LIX

27 juin.

Nous voici arrivés au pied du monticule appelé Chèvre-Roche, et qui est formé d'un massif puissant de grès, qu'on exploite pour faire des auges de fontaines, des escaliers et des entourages de portes et de fenêtres. Il domine le chemin par où nous passions, d'une manière assez formidable. Sur le sommet apparurent trois jeunes filles; mais quand elles me virent braquer vers elles ma lorgnette, elles dénichèrent au plus vite. L'une d'elles, que j'avais reconnue, était une vachère de dix-sept ans, qui ne tarda pas à venir nous rejoindre. Elle me fit sa plus belle mine, et j'appris plus tard qu'elle n'était allée là-haut que parce qu'elle avait appris que nous y viendrions.

Nous grimpâmes, chevaux, touristes et tilbury, sans plus d'incidents jusqu'au sommet du rocher où la jeune vachère, qui remonta avec nous, fut toute glorieuse d'arriver la première, pieds nus sur les cailloux. Nous étions à une hauteur qu'on dit être de huit cent vingt-huit mètres au-dessus du niveau de la mer. J'étais ébloui de la splendeur du spectacle des montagnes et de l'éclat de la vallée qui s'étendait à mes pieds. Jamais je n'avais vu un soleil aussi puissant éclairer une plus belle et plus riche nature. Mes jeunes compagnons, moins portés que moi à admirer, semblaient faire assaut de connaissances géographiques, et c'était à qui d'entre eux désignerait et nommerait les ballons, les montagnes, les villages, les hameaux et les fermes. Moi, je restais silencieux sous le charme de tant de magnificence. Mon imagination m'emportait vers les horizons

ouverts de toutes parts
Où l'œil indépendant promène ses regards,

dans les enfoncements obscurs des vallées, et j'étudiais les harmonies de tous ces contrastes d'aspects, de formes et de couleurs.

Bientôt cependant je me mêlai à la jeune troupe bruyante, et, prenant entre leurs mains ma lunette, je me mis aussi à rapprocher les distances et à fouiller dans chaque coin ce qui m'était inconnu ou ce qui m'attirait. J'allais partout, à Dommartin, dans toutes les ondulations des collines, jusqu'à celles qui avoisinent Plombières, par toute la plaine qu'arrose la Moselotte, à Saint-Amé, à Vagney, à Nol, à Zainvilliers, jusqu'à Thiéfosse, dont le clocher apparaît dans le lointain. Je me promenais par la pensée sur les sommets les plus élevés de ce riant bassin, sur le Haut-du-Roc, sur le Mettey, le Morbieux, le Bélier, Hérival; sur le Honneck et sur le Rotabach, qui, à l'orient, semblent de leurs sommets soutenir la voûte du ciel, sur les ballons du Comté et d'Alsace et sur leurs prolongement vers l'ouest. Au nord, je découvris les hauteurs du Tholy, de Chamdray, de Liézey, du

Lormont ; et au nord-ouest, le Haut-de-Cleurie, la Grande-Charme, les bois de Fossard et toute la chaîne de Grismouton, de Saint-Arnoud, jusqu'au Saint-Mont, qui nous voilait Remiremont.

Oh ! que de regrets j'éprouvai dans ce voyage à vol d'oiseau, regrets pour le passé qui m'a laissé ignorer tant de beautés, regrets pour l'avenir, qui sans doute ne me permettra jamais de gravir une seule de ces montagnes, de fouler un sol si pittoresque et d'étudier tant de curiosités naturelles, ouvertes à tous, cachées pour moi !

LX

27 juin.

Ce fut le silence de mes frères qui me tira de ma rêverie. Ils avaient disparu. Je me dirigeai du côté où j'entendais se perdre dans le vent quelques notes de la voix humaine, et je les vis au milieu d'un groupe de quelques filles qui étaient venues jusqu'ici chercher des pierres de grès, et qui les chargeaient dans des sacs (1). Il y avait dans ce groupe une grosse servante, âgée d'une trentaine d'années, que je reconnus,

(1) Le *grès des Vosges* ne se trouve que sur les hauteurs, dans cette partie du département, comme au Haut-du-Roc, à Chèvre-Roche, à la Grande-Charme, au Lormont, au Leyri. — On le va chercher loin, comme on voit. — On l'emploie pilé ou en morceaux pour récurer les ustensiles de ménage ou de laiterie.   L. J.

parce que j'avais gardé les vaches avec elle autrefois. La pauvre fille! Elle fut assez belle, coquette sans doute, et malheureusement d'un cœur trop tendre. Elle trouva à son gré un valet, son commensal, et le jeu qui s'ensuivit eut les suites ordinaires et funestes. Oh! c'est un grand malheur pour une femme d'être jeune et de vivre presque à l'abandon.

Une autre fille du groupe féminin attira plus particulièrement mon attention. Elle était haute de quatre pieds au plus, bossue par devant et par derrière; ses deux épaules lui montaient presque jusqu'aux oreilles, et supportaient sa grosse et épaisse tête. Je pensais, en voyant sa figure, que son esprit devait être aussi difforme que son échine. Cette pauvre fille s'appelle *Misère* dans le pays; bien peu de ses compatriotes connaissent son véritable nom. Son indigence lui a valu ce sobriquet. Je me disais que tout malheureux que je suis, je ne voudrais pas échanger mon sort contre le sien.

D'autres personnes du groupe, qui chargeaient de la pierre de grès dans des sacs, me confirmèrent, tant leurs infirmités morales ou physiques me frappèrent, dans cette idée que réellement je n'étais pas le plus déshérité des mortels. Je liai conversation avec elles, et je vis que dans leur pensée j'étais beaucoup plus à plaindre qu'elles. Elles m'affligeaient presque avec leurs doléances. Réellement nous sommes ainsi faits que nous préférons chacun nos maux, nos infirmités à celles des autres. Bientôt elles chargèrent leurs sacs sur leurs épaules, et regagnèrent leurs domiciles par les sentiers de la forêt.

Mais voici bien une autre compagnie. De tous côtés arrivaient des troupeaux de chèvres et de moutons, puis encore des vaches, des taureaux et toute une ribaudaille bêlante de chèvres, de chevreaux, de béliers, de brebis et d'agneaux appartenant à une fermière du voisinage. Ce qui rendit le tableau fort amusant, c'est que la fermière se mit à la tête du troupeau, qui suivit, réjouissant l'air de mugissements et de bêlements prolongés. Il n'y avait pas besoin d'être poète pour trouver du charme à cette musique champêtre, que Virgile, dit-on, ne dédaigna pas de traduire en beaux vers.

La nièce de la fermière, grosse et naïve paysanne de vingt ans, vint aussi quelque temps après, mais lentement et avec peine. Elle avait mal à un doigt du pied, et c'est à moi qu'elle venait s'adresser. On m'avait déjà entretenu de ce mal, et comme j'ai un peu, je ne sais pourquoi, la réputation d'être « savant », on croit qu'en cette qualité je dois avoir étudié la thérapeutique et les autres branches de l'art de guérir. Mettant à profit cette bonne disposition des esprits à mon égard, et m'appuyant sur Raspail et quelques cures heureuses que je dois au hasard, je donne parfois avec une gravité doctorale des prescriptions curatives à ceux qui m'en demandent. Ma science médicale ne va guère plus loin que celle du docteur Sangrado de Valladolid dont parle Gil

Blas, mais n'a point d'analogie avec la sienne. Je n'emploie ni saignée, ni eau chaude. Mes ingrédients pharmaceutiques ont pour base le camphre, l'aloès, l'eau sédative, le goudron; la pommade et l'alcool camphrés viennent comme accessoires.

On me consulta donc au sujet du pied de la fille. Après avoir vu le mal, je prescrivis un lavage réitéré à l'eau de goudron; ce remède les contenta au plus haut point à cause de sa simplicité et surtout parce qu'il ne coûterait que deux sous. Ce qui les embarrassait, c'était de retenir le mot goudron; mais elles purent s'assurer de le retrouver au besoin, après avoir crié à un voisin qui gardait ses chèvres qu'il eût à s'en souvenir, ce qu'il promit d'une manière certaine.

Après cette consultation, qui dut consolider ma réputation, la petite blonde rattacha le linge qui enveloppait son doigt. Reste à savoir si mon remède a été appliqué, et s'il aura eu un effet favorable

LXI

28 juin.

Le soleil inclinait sur l'horizon; il fallut songer à partir. Après m'être gravé dans la tête le tableau que j'avais sous les yeux, je remontai sur ma voiture. Cependant une foule de gens, des enfants surtout, avaient envahi le plateau. Chacun voulait regarder dans ma lunette; c'étaient des cris de joie, des ébahissements souvent comiques. Quand ils eurent tous suffisamment satisfait leur curiosité, et joui des merveilles d'une invention inconnue de presque tout ce monde, je remis l'instrument dans ma poche, et mon attelage se tourna vers le chemin qui devait nous ramener à la maison en passant par la Bise, point opposé à celui par lequel nous étions venus.

Un rieur prit ma cliente et la plaça à côté de moi sur ma petite voiture; puis quelques gamins montèrent derrière nous avec mes deux sœurs qui étaient venues nous rejoindre. Comme les ombres grandissaient, chacun se mit en marche à notre suite. Jamais dans un lieu si rempli de poésie, et à une heure, pour ainsi dire, aussi solennelle, jamais, je crois, on ne vit un tableau plus comique et plus fait pour intéresser un spectateur.

A l'exception d'une vieille femme qui pleurait à l'écart, assise sur un rocher, et qui me rappelait la *Veuve des montagnes* de Walter Scott, tout le monde venait en procession derrière le char. On eût dit, sans la gaieté de la troupe, l'enterrement de Geoffroy-Saint-Hilaire, le célèbre naturaliste, au convoi duquel assistait, dit la chronique, une députation de toutes les bêtes. Les vaches, les moutons, les chèvres, suivaient les animaux raisonnables; hommes et femmes, chacun bêlait à sa façon, je veux dire riait selon sa nature,

La marche fut agréable tant qu'on ne descendit point. Mais le chemin devint tout à coup scabreux et rapide à faire peur. Ma voisine, effrayée et poussant des cris, s'elança à terre ; une partie des autres en fit autant. C'était en effet le parti le plus sage, car les cahots devenaient affreux ; la charrette résonnait de plus belle, allégée de presque toute sa charge, et se disloquait. Je roulai à terre. Un de mes frères tomba en sautant d'un roc de deux pieds de haut et lâcha le timon. Mais d'un bond il se releva et transporta les membres détraqués de ma voiture sur un chemin uni et doux, où chacun s'occupa de remettre ses os à leur place respective. J'eus, pour ma part, quelque peine à en venir à bout. Quand tout fut rajusté et recloué, on salua, par force coups de casquette, toute la troupe animale qui était encore sur la limite du plateau, sauf quelques chevreaux qui nous avaient suivis en gambadant. Un bon retour nous fut souhaité, et, fouette cocher !

Pendant dix minutes, on roula sur un sol uni avec une rapidité fort agréable. Je revis les rochers où je grimpais étant écolier, et où notre maître venait promener ses bambins.

Comme nous descendions dans les sapins, après avoir dépassé le dernier troupeau de chèvres, gardé par un aliéné dont la tête était coiffée d'un ample béguin gris, je vis venir à travers les arbres et dans le chemin que nous suivions, une jeune femme qui me fit songer à ces vers de Delille :

Voyez-vous s'avancer cette nymphe timide ?
La décence en secret à tous ses pas préside ;
Ses regards sont baissés ; ses deux bras demi nus
Semblent nager dans l'air mollement suspendus.
L'innocence est son charme et la pudeur sa grâce.

De loin, avec un peu d'imagination, l'application pouvait être heureuse : mais quand elle fut devant nous, il n'y avait plus qu'une jeune personne toute vulgaire de corps et d'esprit. Elle était toutefois de fort bonne humeur, aimant à rire et à causer. Mon frère promit d'aller la voir ; on échangea des myrtilles chargées de fruits, et on se quitta fort amis.

Depuis ce moment, le chemin devint, pour ainsi dire, impraticable. La descente de Chèvre-Roche, si rude qu'elle ait été pour l'attelage et les voyageurs, ne pouvait s'y comparer. Ce fut une torture d'un quart d'heure impossible à décrire. Notre route était en pente abrupte, ravinée affreusement et semée de gros cailloux. Il fallait s'arrêter de temps en temps pour rajuster les pièces de la voiture qui menaçaient de rester en arrière. Toutefois ce fut au milieu des éclats de rire, — heureuse jeunesse ! — qu'on atteignit la limite de la forêt où nous trouvâmes un sol moins raboteux, et l'on se mit au trot.

En passant près d'une grande vachère, qui était, comme dit la chanson,

Le long du grand chemin,

mon frère fit un soubresaut de son côté, et la renversa de son long sur la pelouse, tout en courant avec ma voiture qui s'arrêta enfin à la Bise.

Le soleil était couché, et les ombres couvraient déjà la terre. Nous étions pressés; il nous fallut cependant attendre un quart d'heure chez les bonnes gens de la ferme. Malgré le crépuscule qui permettait à peine de voir les maisons et les jardins de Cleurie, ma lunette fut l'objet de nouveaux cris d'admiration. Quand tout le monde eut lorgné et jasé convenablement, nous prîmes congé des habitants de la Bise, et nous revînmes sans nouvel encombre au logis.

LXII

29 juin.

Pourquoi, ô mon cher journal, t'ai-je confié ces pauvres paysanneries? C'est que ces enfantillages ont été une distraction énergique qui m'a fait sortir de moi-même. La solitude, que j'aime cependant, que je recherche même, a des moments qui pèsent à mon âme comme les murs d'une prison étroite et éternelle. Venir à toi, cher confident, pour te raconter les jeux et les accidents puérils de ma vie, c'est doubler le plaisir qu'ils m'ont donné. Toi seul, tu les connais; toi seul, tu me les rappelleras; c'est avec toi seul que je viendrai causer du passé.

LXIII

30 juin.

Nous voilà au milieu de la saison des foins. L'air est parfumé des senteurs des prairies en fleurs et des herbes fauchées. Le matin, après le déjeuner, à une heure et le soir, on entend les cliquetis du battement des faux dans chaque ferme de la vallée. Puis, pendant tout le jour, surtout le matin et le soir, des chansons, des cris de joie, des rires joyeux poussés par les faucheurs et les faneuses dans les prairies, égayent la vallée. Ces expressions de joie, ces bruits du travail montent vers ma solitude avec les senteurs de la prairie, le murmure des brises d'été et les mille voix de la splendide nature de juillet.

Dans notre enfance, la saison des foins symbolisait pour nous l'été. On s'en réjouisait longtemps à l'avance. Aussitôt que la fauchaison était ouverte, les petits garçons avec de petites faux, les petites filles avec des râteaux proportionnés à leur taille et à leur force s'en allaient gravement le matin dans la prairie, travailler avec les grandes personnes. Bientôt, fatigués ou ennuyés par les cousins et les taons, ils préféraient cueillir des fraises ou des brimbelles dans les haies voisines, ou revenir au logis. Mais qu'il faisait bon se rouler sur le foin quand on déchargeait les voitures, et courir partout, faire l'empressé et l'ouvrier dans les prés unis et dépouillés d'herbes !

Aujourd'hui que, devenu homme, je comprends de plus en plus tous les bonheurs de la profession de cultivateur et de la vie champêtre, je me vois forcé à l'inaction ! Que j'étais loin de prévoir un tel avenir, il y a quinze ans !

LXIV

2 juillet.

Hier, par une de ces soirées de dimanche où chacun aime à se livrer à sa récréation favorite, j'étais seul, assis sur un banc au seuil de notre porte, occupé à lire. J'aurais bien voulu jouir de la beauté de nos paysages, en allant faire une promenade dans un lieu élevé : mais depuis longtemps mon infirmité m'interdit ce plaisir. Pour oublier ma solitude, pour détourner mon cœur des sentiments de tristesse prêts à l'envahir, j'avais pris, pour le relire, un des plus délicieux romans de Walter-Scott : *Rob-Roy.*

Absorbé dans ma lecture, j'avais oublié la beauté d'un ciel sans nuages, le chant des oiseaux, le bruissement des feuilles au souffle rafraîchissant de la brise, lorsqu'on vint m'annoncer que ma cousine Marie F....., cédant comme moi au charme de la soirée, mais s'amusant fort peu à se promener dans les ondulations des montagnes et à voir les vapeurs argentées des vallées, désirait que je vinsse en sa compagnie, et qu'elle me priait de la rejoindre sur un point du coteau où la jeunesse aime à se réunir le dimanche soir pendant la belle saison. J'aurais préféré continuer ma lecture, mais je cédai et me transportai aussi rapidement que me le permettaient mes moyens de locomotion auprès de ma jeune et charmante cousine.

Du lieu où je la trouvai avec Louise, la servante de la maison, l'œil découvre un vaste et délicieux panorama. A droite, le Tholy et les montagnes de Liézey, en face, toute la colline de Cleurie, que nous voyions s'élargir en débouchant dans la plaine de Saint-Amé ; elle me paraissait encore plus charmante que d'habitude, soit à cause de ma disposition d'esprit, soit que la brume du soir, formée par le soleil près de disparaître derrière la montagne, embellît encore des lieux que j'ai déjà admirés tant de fois. Vers notre gauche, les superbes ondulations des forêts dont le feuillage, complètement épanoui, brillait du vert le plus tendre aux derniers rayons du soleil, étaient peut-être ce qui charmait le plus nos regards. Ces courbes gracieuses des collines boisées sont, surtout vers la fin du printemps, une des harmonies les plus douces à mes regards dans le panorama que déploient nos montagnes. Je me suis cent fois arrêté devant ces paysages. Plus loin, vers l'ouest, les formes se perdaient dans l'éloignement ; à peine l'œil distinguait-il les champs de blondes céréales du sol verdoyant des coteaux. Dans le fond de la plaine, la Moselle et les bras de la Moselotte qui s'y jettent déroulaient en serpentant leurs ondes poissonneuses que le soleil faisait scintiller d'un éclat argenté presque insoutenable à la vue. Du haut des montagnes, au fond des vallées cultivées, tout brillait d'une végétation luxuriante dans une lumière et des contrastes enchanteurs.

En joignant à ce tableau le bêlement des troupeaux, le tintement de leurs clochettes, le murmure des ruisseaux, le frissonnement des genêts et des bruyères qu'effleurait un vent léger, les aboiements lointains des chiens de ferme, les voix incertaines des promeneurs dispersés, le hennissement d'un cheval sur la route cachée à nos yeux, tous ces bruits vagues qui s'élèvent de la vallée vers les hauteurs, et peut-être aussi la présence de ces deux jeunes filles, auxquelles je faisais part de mes impressions, tout se réunissait pour m'inspirer les plus délicieuses émotions.

LXV

Toutefois, après avoir admiré ce spectacle, comme la conversation menaçait de languir, je la tournai sur l'objet qui m'occupe le plus, et comme la végétation se déroulait avec tout son luxe, je fixai l'attention de mon charmant auditoire sur des choses qui sont à la portée de toutes les intelligences, mais dont les jeunes filles qui m'écoutaient, ainsi que bien d'autres, n'occupent jamais leur esprit. A nos côtés s'étalaient des fleurs riantes qui avaient attiré les regards de mes deux compagnes. Je voulus non seulement leur en dire les noms, mais leur donner une idée de la fonction des fleurs dans la fructification des plantes, et je commençai une leçon à ma manière.

Je leur montrai d'abord comment, sous l'influence de la chaleur et de l'humidité, la semence confiée à la terre s'ouvre, dans le gland, par exemple, j'en tenais un à la main, en deux parties, du sein desquelles sort, pour s'enfoncer dans la terre, une racine qui supporte une jeune tige perçant le sol supérieur; comment l'une nourrit l'autre, et comment toutes deux s'accroissent proportionnellement par le travail merveilleux de la sève; comment l'air atmosphérique contribue à la nutrition et à la vie des plantes en pénétrant par les pores des feuilles; comment la plante baignée d'air, d'humidité et des rayons du soleil, arrive à donner des fleurs, puis des graines. J'entrai dans quelques détails sur la forme, la variété et la composition des fleurs et sur les fonctions de leurs diverses parties.

« Arrivé à sa maturité, ajoutai-je, l'ovaire ou la poche qui contient la semence, s'ouvre dans un

grand nombre de cas pour lui laisser passage. —
J'en citai une preuve dans les gousses du genêt
voisin qui éclataient en lançant leurs graines. —
Et, ce qu'il y a de remarquable, c'est que le
Créateur a donné à chaque plante un moyen de se
transporter au loin, de se ressemer elle-même. Les
semences du pin, du sapin, de la charmille, de
l'érable, sont pourvues d'ailes pour voler ; celles
des marguerites, des pissenlits, sont munies d'ai-
grettes qui les soutiennent en l'air et les aident à se
transporter à des distances prodigieuses. D'autres
sont faites pour rouler, pour nager, etc. Enfin les
graines qui, par leur nature, n'ont aucun moyen de
transport sont ordinairement celles qui vont le
plus loin, telles sont les graines du genévrier, de
bourdaine, d'arbousier, de ronce, de framboisier, de
myrtille. Les oiseaux, en mangeant ces fruits, en
vont déposer les germes, qu'il portent dans leurs
intestins (et qui y conservent leur faculté germina-
tive) jusqu'aux lieux les plus sauvages et les plus
escarpés. De cette manière tout se ressème et toute
la surface du sol se recouvre de végétation ; car il
y a des plantes pour toutes les natures de terrain et
pour tous les sites, et elles trouvent toujours ce
qui est nécessaire à leur destination, ombre ou
soleil, vent ou calme, rosée, humidité, ou sécheresse.

« Je ne vous donne qu'un bien léger aperçu de
ce que c'est qu'une plante. Que de choses j'aurais

encore à vous dire sur les harmonies des fleurs et des feuilles, avec l'air, la chaleur, la lumière, les vents, l'humidité! L'étude de la nature est un champ vaste et inépuisable, mais il suffit de donner quelque attention à ses phénomènes les plus simples, pour voir que tout est conduit par un premier principe infiniment puissant. C'est là une étude pleine de charmes qui m'instruit, qui me console et m'élève; j'y trouve un plaisir bien supérieur à tous ceux que je vois rechercher autour de moi. »

Et je leur dis mon bonheur dans la contemplation de la nature et de la solitude. Puis, quittant les idées philosophiques et religieuses où je m'étais lancé, je revins à la nature que nous avions sous les yeux, en leur faisant remarquer d'autres œuvres de la création et quelques phénomènes de physique.

Je ne saurais dire tous les étonnements et les exclamations de mon jeune auditoire, pendant que, sans m'écarter de tout ce qui est visible à tous, je dévoilais ainsi à leurs yeux un coin du grand inconnu. Jamais elles n'avaient eu la moindre idée de tout cela, et elles m'avaient compris, car j'avais été aussi clair que possible. Leur étonnement passager était peut-être aussi causé par ce fait que, vivant comme elles, sur le même coteau, ignoré du monde, au milieu des mêmes personnes, je savais des choses et faisais des réflexions qui ne leur étaient jamais passées par la tête.

Ce fut vraiment une des plus délicieuses soirées

que j'aie jamais passées. En m'en retournant par un
crépuscule qui était presque la nuit, je rêvais un
nouveau plaisir, un nouveau bonheur, celui d'avoir
près de moi quelque élève en botanique, non seulement pour répandre ma science que j'aime, mais
pour agrandir ma propre instruction (1).

LXVI

5 juillet.

Ma petite sœur est revenue tout heureuse des
haies voisines. Elle avait trouvé beaucoup de grandes tiges de digitales couvertes de leurs magnifiques
fleurs rouges. A son âge, que j'aimais les fleurs ! mais
sans les connaître par leurs noms. Nous appelions
la pervenche, *fleur de la Vierge*, et les campanules,
clochettes de brebis. Les riantes orchidées étaient des
clochers; la marguerite était le *bouquet de Saint-
Jean*, et la petite tormentille des gazons, *l'herbe
de Sainte-Catherine*. Nous savions ainsi nommer de
noms pieux et poétiques une douzaine de fleurs des

(1) Le désir de M. Thiriat s'est réalisé. Au lieu d'un élève, il
en a trouvé trois ou quatre autour de lui : M. Joseph Ballan, qui
s'est créé un petit jardin botanique ; Mlle Justine H., qui a
réussi à réunir dans son herbier toutes les plantes de la vallée
M. J.-B. Jacquot, de Chèvre-Roche, un tisserand, qui non seulement étudie la botanique agricole, mais qui écrit des articles es-
timés dans plusieurs journaux d'agriculture, etc.

L. J.

haies, des prés ou des pâturages. Je suis tout heureux de pouvoir appeler de leur vrai nom français et de leur nom scientifique chaque plante de la colline! mais je n'oublie pas les dénominations vulgaires que notre mère nous avait apprises; il me semble qu'elles embellissent encore ces fleurs de prédilection que j'appris à connaître quand j'étais petit enfant.

En gardant les troupeaux, nous faisions des guirlandes avec les fleurs magnifiques de la digitale pourpre. Nous nous amusions aussi à faire claquer ces riants godets en comprimant l'air intérieur, ou bien les petites filles les mettaient à leurs doigts, comme des gants. Les tiges creuses de cette fleur géante, qui est l'ornement de nos bois, servaient aux enfants pour aspirer l'eau des fontaines, quand ils avaient soif; il n'étaient pas obligés de se baisser pour boire, grâce à ce siphon de leur invention.

Mes jeunes frères et sœurs trouvent encore le même amusement de leur goût, et la digitale me rappelle les jours heureux de mon enfance, si fertiles pour moi en doux souvenirs.

LXVII

7 juillet.

Le ciel est sans nuages; une brise à peine sensible murmure dans l'épaisse feuillée, et m'apporte les doux parfums des herbes fauchées dans les prairies.

Autour de moi, dans l'encadrement de mon petit jardin, la marguerite, le souci au cœur noir, dont je me suis plu à faire l'emblème de ma vie morale, la capucine qui s'élève au-dessus de ma tête et me fait un abri de ses guirlandes, les œillets d'Inde, les pois de senteur et une foule d'autres fleurs étalent leur plus luxuriante végétation et commencent à entr'ouvrir leurs jeunes boutons. Comme pour couronner cette enceinte fleurie, des roses blanches, rouges ou roses ont ouvert leurs calices parfumés, des myriades de papillons viennent se poser sur toutes ces fraîches corolles, et relever par leurs couleurs éclatantes les nuances de toutes ces fleurs entremêlées.

La rose et la pensée me rappellent ces jours d'autrefois, où, les unissant en un bouquet emblématique, je les offrais à la personne aimée dont le sourire était pour moi le ciel.

Ces aimables œillets, au corymbe empourpré, que le peuple appelle *œillets de mai*, me parlent de ma bonne mère, que je vis mourir, hélas! quand la vie semblait lui promettre encore de longs jours. Souvent, en contemplant ces fleurs, une larme vient mouiller ma paupière, et je sens ma solitude encore plus profonde.

Sur la colline j'entends les clochettes des troupeaux, le bêlement des chèvres et des brebis, et sur la verte pelouse, là-haut sous la forêt, une troupe d'enfants, parmi lesquels sont mes sœurs, dansent en rond en chantant le rondeau suivant que j'aimais tant à leur âge :

> Mes aimables à mon gré (bis)
> Je vais vous la présenter (bis).
> Je la suis ; passez derrière.
> Ramenez vos moutons, bergère ;
> Ramenez vos moutons.
> Ramenez-les à la maison.
>
> Gentilles pastourelles,
> Rentrez dans ce rang tout rond,
> Et voyez auxquelles
> Votre cœur est bon.

Des rires, des cris, suivent cette naïve chansonnette dont l'air est si délicieux, mêlé au mugissements et aux bêlements des troupeaux quand on la chante au milieu des frais paysages de la montagne.

J'étais si heureux à leur âge ! elles sont si gaies et si contentes !

Mais qu'entends-je ?... Au village voisin la cloche sonne comme pour les morts ! Oui, un glas funèbre m'est apporté à travers les collines en même temps que les chants des faucheurs disséminés dans les prairies. Triste mélange de joie et de douleur bien digne de faire réfléchir un ermite !

L'homme qui vient de quitter la vie est sans doute celui dont on m'annonça hier le dernier jour. Ce fut jadis le compagnon de mes jeux et de mes études dans le hameau de Julienrupt. M'ayant précédé de quelques années sur la terre, il s'en est allé aussi avant moi; et pourtant, une jeune femme et des enfants, qu'il laisse dans les larmes, lui souriaient et faisaient son bonheur. O abîme de contradictions! Moi, inutile ici-bas, je reste!

Néant de la vie terrestre! on espère, on appelle le bonheur. A peine ce fantôme est-il venu nous visiter, à peine a-t-on commencé un rêve d'avenir, un fléau passe et détruit tout; la mort frappe et rive des chaînes dans la nuit éternelle du tombeau.

Seigneur! soumis aux impénétrables décrets de votre providence sainte, j'anéantis ma pensée devant votre sagesse. Frappez, vos coups viennent de votre justice, et nos plaintes ne sont que des aveugles murmures. Frappez, mais pour nous apprendre à nous élever jusqu'à vous.

LXVIII

8 juillet.

Aujourd'hui il m'est arrivé une joie sans égale, un bonheur inespéré. J'ai un nouveau compagnon, un ami, je l'espère, qui me rapprochera des hommes et des lieux qui m'étaient jusqu'ici inaccessibles, et qui peut-être finira ses jours près de moi! Oh! il y passera une heureuse vieillesse, car rien ne lui manquera.

C'est à rendre superstitieux ! Il y a quelque temps je rêvais que je possédais une voiture légère et que, conduit par un âne vigoureux, je franchissais l'espace avec rapidité. Je me croyais alors aussi heureux, dans mon rustique équipage, que le riche voyageur étendu sur les coussins moelleux de sa calèche élégante.

Eh bien ! mon rêve est réalisé ; j'ai un âne. Il est là depuis une heure dans notre grange, et depuis huit jours il est à moi. On me le cachait. C'est qu'on ne voulait pas sans doute me le présenter dans l'état où il avait été acheté des mains d'un brocanteur du canton de Saulxures. Oh ! la pauvre bête ! C'est mon oncle qui me le gardait, et qui me l'amena ce matin. Pendant qu'autour de moi les hommes et les enfants riaient de sa mine piteuse, moi, je ne voyais que ses misères, révélées si tristement par ses cicatrices, son pelage usé, par son aspect de squelette. Ma sympathie s'éveillait vivement ; des larmes me vinrent aux yeux, et je jurai de faire de mon âne un ami de toute la maison. Ah ! le paysan ne sait pas ce que vaut cet animal si robuste, si frugal, si doux. Je me mets en colère quand je vois des gens stupides qui s'amusent à le faire souffrir. Quel manque de cœur et de raison !

Je ne peux penser qu'à mon âne, qu'à l'avenir qui m'est ouvert par le don qui m'est fait de cette pauvre bête. Je pourrai donc me promener quelquefois, voir un peu de pays au delà de ma vallée, jouir un peu de la société, et apprendre comment on parle, comment on vit au delà de la localité où jusqu'à ce jour s'est écoulée ma vie.

Mon âne ! que je suis heureux de le posséder ! Il ira très bien à la petite voiture que mon père m'avait faite un peu en prévision d'un pareil achat. Dès demain nous pourrons l'atteler.

LXIX

9 juillet.

Admirable ! Il semblait fatigué de ne rien faire, ce bon Coco, comme je l'appelle. Il a marché et trotté joliment. Pourtant il a des moments difficiles et je me les explique. Pour se défendre contre les bourreaux qui l'exploitaient, il n'avait que le fer de ses sabots ; il rue, voilà son défaut. Une suite de bons traitements lui fera, je pense, un peu perdre de cette habitude.

Nous avons appris l'histoire de notre âne par son dernier propriétaire, que mon père a rencontré aujourd'hui. Cette histoire serait bien curieuse, si elle pouvait être connue dans tous ses détails. Fils d'une ânesse alsacienne, il fut vendu à des bohémiens, qui le rouaient de coups et voulaient l'habituer au jeûne. Des mains de ces nomades, il tomba dans celles d'un saltimbanque, qui le vendit à un chiffonnier, lequel le céda à un mercier ambulant. Ce dernier, aux approches du douzième hiver du grison, n'ayant ni foin ni avoine pour nourrir sa bête, la vendit à un brocanteur à commerces multiples, celui-là même de qui mon oncle l'a achetée. Jusqu'à ce jour la pauvre bête n'avait pas gagné à changer de maître. Tous étaient des brutes, qui la rouaient de coups et l'exténuaient de travail et de privations.

Du reste, Coco me paraît bien connaître le pays. À l'approche de certaines auberges, il ralentit le pas et s'arrête à la porte. Il a voulu même prendre un sentier qui conduit à un bouchon mal famé. C'est une mauvaise habitude peut-être. Mon frère l'en a repris rudement par un coup de bâton auquel l'animal a répondu par une ruade qui n'a atteint personne. Dans ma colère, j'étais sur le point de lui dire : « Le plus bête des deux n'est pas celui qu'on pense. »

Mon frère Jean-Baptiste parle de me conduire prochainement avec Coco à Géradmer et à la Schlucht. Il affirme qu'il pourra très bien faire le voyage ; mon père dit que non, si c'est bientôt ; moi, je le désire vivement. D'ailleurs, le dernier propriétaire de Coco nous a assuré, — ce n'est pas parole de marchand, puisqu'il est vendu, — qu'il n'a jamais été malade, et que seulement on l'avait fait un peu trop travailler, qu'il prenait ses repas sur le bord de la route plutôt que dans une bonne écurie, et que s'il avait été un peu écorché, c'était un accident causé par son harnais mal construit, et qu'il se rétablirait rapidement.

En attendant, comme je m'enthousiasme pour un rien, suivant mon habitude, surtout pour tout ce qui peut me transporter hors de moi-même, voilà un voyage à cinq ou six lieues de chez nous qui m'occupe autant que si j'allais à la découverte d'une mine d'or en Californie. Il est vrai qu'outre la beauté et la nouveauté de l'excursion, je vais enrichir mon herbier de plantes qui ne croissent que sur les hauts lieux et au bord des lacs des belles montagnes de Géradmer.

Nous laisserons l'âne se reposer, paître l'herbe en compagnie des vaches ; l'air, le soleil, le repos, une bonne nourriture à l'étable, lui rendront en peu de temps le beau lustre de son pelage.

LXX

10 juillet.

L'azur semble sourire à la terre embellie ;
Les champs se sont vêtus des fleurs de la saison ;
Le ruisseau plus limpide, autour de la prairie,
Roule plus mollement son onde et sa chanson.

C'est l'heure où je renais aux douces promenades,
Sur la verte pelouse au penchant du coteau :
Où j'écoutais les voix des vents et des cascades,
Près de la fleur d'azur qui se mire dans l'eau.

Je cueille en cheminant pervenches, violettes,
Au bord du bois plein d'ombre, où l'oiseau fait son nid,
Et célèbre à toute heure, en vives ariettes,
La vie et ses amours que le Seigneur bénit.

. . . .

Vos retraites, témoins de ma triste jeunesse,
Ont vu couler mes pleurs, quand tout était joyeux ;
Je mêlais mes soupirs à l'hymne d'allégresse
Du printemps à la terre et de la terre aux cieux.

Je suis l'ancien rêveur de ces heureux bocages,
L'amant des bois obscurs et de la fleur des champs ;
C'est moi qui, si souvent recherchant ses ombrages,
Y venais soupirer et pleurer à vingt ans.

C'est là, sous le grand chêne au milieu des charmilles,
Que l'amour m'inspira jadis mes premiers vers,
Que j'écoutais le soir les voix des jeune filles
Et les soupirs du vent passer sur les prés verts.

. . . .

Je retrouve sur la page blanche d'un livre ces
vers inachevés que j'écrivis un jour de printemps
dans une de mes promenades sur le haut de la colline.

Que ne suis-je poète ! Il se presse dans ma pensée
tant d'images, tant d'idées et de sentiments que je
crois souvent faire un poème. Mais inhabile à manier
l'instrument qui donne les lignes et les couleurs à la
pensée, je m'arrête, j'hésite, je me trouve souvent in-
correct, pâle, indécis ; mécontent de moi, je reprends
la plume, mais l'art me manque pour achever et po-
lir. O sainte poésie, si je ne puis être un de tes mi-
nistres, ton culte restera dans mon cœur.

LXXI

12 juillet.

La vallée se voile des ombres du crépuscule. Sur la lisière de la forêt, le rouge-gorge et la grive chanteuse saluent encore de leurs chants les derniers feux du soleil, éteints à la cime des montagnes, mais se reflétant encore dans les vapeurs du couchant.

Le vent tiède du soir m'apporte les chants des laboureurs, les bêlements des troupeaux, et les sons prolongés de la cloche du soir. Chaque fleur de mon jardin referme sa corolle et s'endort ; le grillon sous sa touffe de bruyère ou de serpolet a ralenti sa chanson.

Dans le buisson voisin, la fauvette gazouille les plus douces notes de son ramage, en lissant les plumes de son aile près de sa jeune famille ; on dirait le doux chant d'une mère qui berce son enfant bienaimé.

Dans le ciel bleu de l'orient deux étoiles brillent d'une clarté indécise. Quelques nuages teints de pourpre et d'or, comme autant d'écharpes brillantes, flottent suspendus au-dessus des montagnes dans les profondeurs de l'occident.

Et voilà que sur le penchant de la colline une voix aîche et vibrante chante ce cantique du soir :

Le soleil vient de finir sa carrière :
Comme un instant ce jour s'est écoulé.
Jour après jour, ainsi la vie entière
S'écoule et passe avec rapidité.

Je ne saurais rendre combien, à cette heure solennelle, mon cœur fut profondément remué. Tout semblait se taire pour entendre ce chant plein de tendresses et de menaces à la fois.

L'éternité, le tribunal de Dieu, quelles grandes visions il évoquait devant moi ! Je me mis à genoux et j'adorai, pour finir le jour, Celui qui se révèle à moi à toute heure, en toute chose, et me fait trouver dans ses œuvres la consolation la plus pure.

LXXII

13 juillet.

Je viens de recevoir une lettre d'un ami, j'en éprouve quelque déplaisir. Je lui avais ouvert mon cœur simple et ingénu, comme à toi, mon cher Journal. Je n'écris cependant que ce que je ressens bien réellement. S'il y a une espèce d'exaltation dans la faible peinture de mes sentiments, puis-je faire que la solitude, le malheur, le besoin d'aimer, l'étude, la religion ne jettent pas quelquefois mon esprit hors du domaine que parcourt avec tant de calme un ami libre et heureux ? Je lui écrirai bientôt. Ne comprend-il donc pas, par les confidences que je lui fais sur les années agitées de ma jeunesse, que le feu qui m'inquiète et me pousse à vouloir tout connaître, se trouvant concentré dans la sphère étroite de ma vie, colore pour moi chaque objet d'un tout autre reflet de poésie, de grandeur et de beauté que pour lui-même ? J'ai comme perdu la trace de la vie ordinaire, et je ne puis plus me figurer comment pense une autre personne de mon âge.

LXXIII

13 juillet, au soir.

Je suis tellement gêné de ne pouvoir marcher que je fuis le plus possible les lieux où passe le monde. Sorti dans la journée pour herboriser et recueillir quelques insectes vers le haut de la colline, sous le bois, j'ai vu les habitants d'une ferme voisine me suivre des yeux ; peut-être pensaient-ils que j'allais entrer chez eux. Je suis redescendu par un autre chemin. Certes, j'aurais été fêté par ces bonnes gens, mais je n'aurais osé explorer le petit étang, le marais, les vieux murs couverts de lierre, car j'aurais passé pour un fou à leurs yeux. Les gens de la campagne ne comprennent pas qu'on puisse s'amuser ainsi à recueillir des *bouquets* et des *petites bêtes* ; et puis je ne suis pas à mon aise, quand on me voit marcher aussi péniblement. En revenant, j'ai observé des fourmis, et j'ai passé un quart d'heure plus heureux que je ne le suis les rares dimanches où je passe une journée en société.

LXXIV

15 juillet.

Mon âne Coco se refait à vue d'œil ; j'aimais à le contempler tout à l'heure, trottinant sur la pelouse, et faisant gaillardement sonner son collier de grelots.

Il constitue pour moi un trésor, et je ne cesse de bâtir des châteaux en Espagne des plus fantastiques sur l'horizon qui m'est ouvert par le moyen de cette pauvre bête.

Tous mes rêves ne seront plus irréalisables comme ceux dont je m'étais bercé jusqu'ici.

Comme secrétaire de la mairie, je vais prendre parmi les administrés de mon père un certain rang et pouvoir me mêler aux sociétés dont j'avais été exclu. Comme naturaliste, comme poète, je pourrai étendre mes connaissances et la sphère de mes impressions. Oh ! si quelques amis puissants et dévoués venaient à connaître ma vie intime, à deviner le foyer ardent qui me consume, en attendant qu'il puisse s'étendre par quelque voie encore fermée, je pourrais peut-être devenir utile à mes semblables et me suffire à moi-même.

Quel riant avenir, mon Dieu! et tout cela parce que je pourrai un peu voyager, conduit par un âne!

LXXV

16 juillet.

Ce matin, je brodais à l'ombre, assis sur le banc de pierre qui est près du seuil de la maison. Un pauvre vieillard est venu me demander une aumône. Je lui ai donné un morceau de notre pain noir, et je l'ai invité à se reposer près de moi. Il m'a raconté sa vie.

Dans sa jeunesse, il était plein de santé, robuste et laborieux. Il était valet de ferme. En 1817, il tira au sort; son numéro fut *mauvais*, et il partit pour le régiment désigné. Pendant six ans il servit son pays; il prit part à la guerre d'Espagne, en 1823. Revenu dans ses foyers avec le grade de sergent, il se maria avec une paysanne de son âge et de sa condition, et il espéra longtemps pouvoir subsister, lui et sa famille, par un travail actif et assidu. Mais les maladies lui enlevèrent sa femme et ses enfants, et l'obligèrent à faire des dettes. Son patrimoine fut vendu pour payer les créanciers, et il fut réduit à reprendre son premier état de valet de ferme.

Un jour, une poutre lui tomba sur la tête, et il fut laissé pour mort. Revenu à la vie, il fut depuis sujet à de fréquents accès d'épilepsie, et il ne trouva plus de maître qui voulût l'employer comme domestique. Il avait près de soixante ans, quand il lui fallut, pour subsister, prendre la besace du mendiant. Depuis ce jour, quand l'ouvrage manque, il va sur les chemins et dans les fermes mendier son pain de chaque jour, et coucher dans les granges de la montagne. Là, il est reçu par de bonnes gens qui le connaissent depuis longtemps, et qui, touchées de sa bonne conduite, de son air vénérable, de sa confiance en Dieu et des prières qu'il récite aux portes des chaumières, l'ont surnommé *le bon prieur*.

Il y avait dans ce vieillard je ne sais quoi de doux et d'élevé qui me charmait, et j'ai été heureux de m'entretenir avec lui.

Dans la journée, j'ai vu passer un homme riche, orgueilleux, sans foi, sans amour du prochain; il blasphémait en conduisant son attelage et frappait cruellement son pauvre cheval. Et je me disais : Combien le mendiant pauvre, mais honnête et respectable, vaut mieux qu'un riche plein d'orgueil et de sentiments bas et sordides! Mais pourquoi tant de gens sont-ils si fiers de dire qu'ils sont les amis du riche, de le recevoir à leur table, quand le pauvre n'obtient qu'une aumône légère et pas une bonne parole? Si le monde préfère la richesse et jette avec empressement ses adulations aux protégés de la fortune, Dieu, qui est l'ami des pauvres vertueux, rendra à chacun selon ses œuvres.

LXXVI

17 juillet.

Ce qui me prouve que j'ai le cœur et l'esprit plus tranquilles que je ne le croyais, c'est que je viens de passer une après-dîner dans le plus grand calme avec une personne dont le nom seul autrefois me faisait frissonner.

Tout le monde était sorti à la maison, excepté moi, qui me demandais à quoi j'allais employer le reste du jour, quand Lilie parut sur la porte. « Bonjour, « Xavier, me dit-elle de sa voix la plus douce, en « faisant sa gracieuse inclination habituelle. Vous « êtes si seul, que c'est une honte de vous laisser « ainsi. Je viens vous voir et travailler avec vous. » Il y avait bien trois ans que nous ne nous étions trouvés en tête-à-tête. Nous ne fûmes embarrassés ni l'un ni l'autre ; on eût dit deux amis qui se voient chaque jour.

Moi, assis près de ma fenêtre ouverte, je dévidai du coton de trame ; elle, de l'autre côté de ma table, se mit à faire quelques broderies.

Le ciel était pur, la verdure splendide, le paysage ravissant. Il y avait comme une joie sereine autour de nous. Je ne sais si nous en ressentions les effets, mais, à nous voir, personne n'eût jamais pensé que nos deux cœurs se fussent aimés un jour. La conversation roula d'abord sur ce qui intéressait chacun de nous. Je parlai naturellement de mon âne avec enthousiasme. La veille, elle l'avait vu paissant l'herbe parmi les genêts; elle m'en fit compliment avec un sourire qui ne me parut pas tout à fait flatteur; j'en fus un peu vexé, mais ce fut un nuage qui s'effaça vite. Comment, de bavardages qui se disent entre voisins, nous passâmes à des sujets élevés, je n'en sais rien; ce qu'il y a de certain, c'est que nous nous sommes longtemps entretenus de morale et même de théologie, elle, avec son simple bon sens, moi, avec le peu que j'ai appris. En faisant présider Dieu aux actions des hommes, notre conversation était entrée dans ce courant de la façon la plus naturelle. Plusieurs heures se passèrent ainsi. Je ne sais si mes dissertations lui plurent; pour moi, je fus fort content d'elle. Quand elle dut partir, elle sembla ne me quitter qu'à regret, et, s'inclinant presque jusqu'à terre pour me saluer, elle promit de revenir bientôt.

O la singulière fille! Tant de démonstrations d'amitié ne l'empêchèrent pas de vouloir me tromper de quelques sous sur un marché de coton à broder qu'elle fit avec moi au moment de s'en aller. Heureusement que je suis presque aussi rusé qu'elle; je lui pardonne en faveur de toutes ses autres qualités. Chacun sait que Lilie est à elle seule aussi intéressée que toutes les autres congréganistes de la paroisse ensemble.

LXXVII

18 juillet, le matin.

La journée d'hier a été bonne pour moi, car elle m'a un peu aidé à me découvrir à moi-même. En faisant cette nuit un retour vers le passé, je me suis aperçu que j'ai gagné, et je m'en applaudis. Le calme de mon cœur n'a rien qui m'effraye. Je me rappelle trop bien mes troubles d'autrefois, mes faiblesses, mes abattements, mes désespoirs, pour ne pas voir que je suis arrivé à un apaisement sensible. Je n'ai pas oublié encore ces mortels mois d'hiver où je me sentais tellement malheureux que je ne pouvais travailler.

Pendant de longs moments j'arrêtais mes regards, sans motifs réfléchis, sur les montagnes couvertes de neige ou sur le ciel obscurci. Quelquefois cette blancheur éclatante me peignait le bonheur et l'éclat d'une âme pure, et ce ciel, chargé de vapeurs sombres et agitées, me semblait le nuage immense qui voilait à mon âme la vue de la céleste vérité, que je négligeais alors, et la route du vrai bien. Bien souvent aussi, quand j'étais rappelé à la vie réelle, je pleurais à la dérobée, et je me croyais un instant soulagé. Que de fois, pendant les jours de février, où il n'y avait pas de neige, j'ai quitté subitement mon travail pour faire le tour du logis! Je croyais qu'en me sauvant, mes idées ne me suivraient point. Mais à la fièvre brûlante qui allumait mes veines succédait un froid brutal. La nature, en deuil comme moi, n'offrait qu'images de mort. Ici, des feuilles flétries par la gelée ; là, à la place où ma mère aimait tant à s'asseoir près de moi, pendant son dernier été, était un gazon roussi et boueux. Je ne pouvais penser à ma mère, voir cette triste retraite sans pleurer. Au lieu du chant des oiseaux sur le taillis, c'était le mugissement du vent dans les rameaux déserts. Je ne trouvais que de nouveaux aliments à mes douleurs, et, grelottant de froid, je rentrais pâle et malade dans mon éternelle prison. Ainsi la privation de la liberté, le souvenir de notre mère, mon impuissance, un amour sans issue, l'effroi de l'avenir, l'oubli momentané de Dieu, que de choses bien capables de me jeter dans un abîme sans fond de mélancolie !

Aujourd'hui je me sens bien mieux, bien plus maître de moi. Il me semble que l'ardeur de la jeunesse me porte vers un but plus noble que celui d'une passion qui n'était pas digne d'occuper mon intelligence. J'ai beaucoup lu depuis cette époque ; j'ai commencé des études attrayantes ; j'ai pu voir et observer dans la sphère étroite où je vis. L'abandon de Lilie n'a point fait de mon cœur un amas de cendres ; il l'a brûlé comme pour le régénérer ; il l'a élevé, je le sens de plus en plus, vers cet idéal que j'ai entrevu dans l'*Imitation de Jésus-Christ*, ce beau livre si plein d'une douce et pieuse philosophie.

« C'est une grande chose que l'amour, c'est un très grand bien ; seul, il rend léger tout ce qui est pesant, et supporte avec égalité toutes les vicissitudes de la vie.

« Car il porte un fardeau sans en sentir le poids, et il rend doux et agréable tout ce qui est amer.

« L'amour est généreux, il porte à faire de grandes choses et il excite à désirer tout ce qu'il y a de plus parfait.

« Nul fardeau ne pèse à l'amour ; nul travail ne lui coûte ; il tente plus qu'il ne peut, il ne s'excuse jamais sur l'impossibilité, parce qu'il croit que tout lui est possible et que tout lui est permis.

« Il ne se recherche jamais lui-même, car dès qu'on se recherche soi-même, on cesse d'aimer.

« Il ne se laisse point décourager par les épreuves, parce qu'on ne vit point sans douleur quand on aime ; et celui qui n'est pas disposé à tout souffrir pour le bien-aimé, n'est pas digne du titre d'amant.

« Il est fatigué et non lassé, à l'étroit et non gêné, effrayé et non troublé ; mais, comme une flamme vive et ardente, il s'élève et passe hardiment.

« Il n'y a rien au ciel et sur la terre de plus doux que l'amour, rien de plus fort, de plus élevé, de plus étendu, de plus agréable, de plus rempli ni de meilleur, parce que l'amour est né de Dieu et qu'il ne peut trouver de repos qu'en Dieu, en s'élevant au-dessus de toute chose créée. » (*Imitat.*, liv. III, chap. v.)

C'est ainsi que, par le travail et l'étude de la religion et de moi-même, j'ai pu commencer à dissiper les brouillards qui voilaient à mes yeux la vérité et la région du calme et de la résignation. Mais qu'il m'en coûtera pour continuer à marcher toujours vers cet idéal du parfait chrétien que j'entrevois !

L'homme, par la seule force de la raison et sans le secours de Dieu, ne peut devenir parfait.

LXXVIII

19 juillet.

Oui, l'âne est un animal reconnaissant, et il s'attache à ceux qui le traitent bien. Coco, sans doute, ne se dépouillera jamais entièrement de la seconde nature qu'on lui a faite, mais il la modifiera assez pour ne pas être trop inférieur aux bons grisons de son espèce. Il est moins rétif, quand on l'approche, et il semble être prêt à la besogne. Il n'est pas si exténué qu'on le disait : nous l'avons fait travailler ces jours-ci, et il a l'air très robuste. Ce sera un excellent serviteur. Je le ménage encore, car si le temps est beau, comme il y a apparence, il nous mènera à Gérardmer,

mon frère Jean-Baptiste et moi, dimanche prochain.
Quelle fête !

LXXIX

20 juillet.

L'âne est débonnaire, mais il n'est point bête. Ce
sont les hommes qui le calomnient. Ils veulent tout
plier à leurs besoins, à leurs intérêts, et ils appellent
défaut tout ce qu'ils ne comprennent pas dans la
nature d'un animal. Si dans notre pays l'âne est laid,
chétif, s'il a l'aspect misérable, c'est qu'on ne veut
pas apprendre à tirer parti de toutes ses qualités,
et qu'au lieu de s'appliquer à améliorer l'espèce,
on l'abâtardit de plus en plus. On aime mieux rouer
de coups ces pauvres bêtes, pour leur enseigner
l'obéissance, que de réfléchir un moment sur leurs
aptitudes naturelles. Le brutal qui frappe son âne
outre mesure, m'indigne par son insensibilité et me
fait l'effet d'un fou qui dégrade sa maison ou piétine
sur son champ. Chaque coup qu'il donne à son serviteur, représente une somme de forces qu'il lui en-
lève et dont à la fin il sera privé lui-même par l'épuisement de la bête, ou qu'il lui faudra réparer par une
perte d'argent ou de temps.

Dans l'Orient l'âne est estimé à l'égal du cheval, et
cela depuis les temps les plus anciens.

C'était la monture du prophète Balaam, celle de la

sainte Vierge dans la fuite en Égypte, celle de Jésus-Christ à son entrée à Jérusalem. Les troupeaux d'ânesses formaient une richesse considérable. J'ai lu aussi que dans notre Poitou les ânes sont grands, vigoureux et beaux.

Chez nous, les ânes sont rares, petits : ils ont l'air chétifs et on les abandonne presque aux malheureux.

On les raille et on tape dessus comme sur une bête morte. Comment les enfants de la ville et des campagnes changeraient-ils d'opinion et de manière à leur égard, quand devant eux nul n'élève la voix pour défendre ces victimes infortunées d'une routine barbare ?

On raconte qu'il y a en Russie des chevaux de poste qui courent sur la glace avec une vitesse incroyable, et qui n'ont besoin pour cela ni du fouet, ni du bâton. Le postillon, assis sur son siège, n'a qu'à leur parler pour les diriger, et à sa voix, les chevaux, habitués à de bons traitements, partent, s'arrêtent, galoppent à perdre haleine pour obéir au maître qui les aime.

On ne ferait rien de pareil avec l'âne, je le sais bien. Mais s'il n'a pas l'intelligence du cheval, l'homme n'est-il donc pas assez intelligent pour découvrir toutes les qualités de sa nature et ne vouloir jamais les forcer ou les faire dévier ? Sa sobriété ne doit pas être changée en jeûne quotidien, sa patience en martyre, et son travail en épuisement. Bien traiter les animaux domestiques est un principe de

bonne économie: on l'oublie trop souvent à l'égard
de l'âne. Un ouvrier bien nourri fait plus d'ouvrage
que celui qui l'est mal ; un champ bien fumé donne
un rendement plus considérable. Il en est de même
de l'animal qui sert l'homme ; la somme de travail
qu'il fournit est d'autant plus grande, plus soutenue
et plus durable, qu'il est traité suivant ses forces et
les exigences de sa nature.

Voilà ce qu'on devrait apprendre à l'école. Ignorance et brutalité vont toujours ensemble.

LXXX

21 juillet.

J'ai fait tous mes préparatifs de voyage ; car nous
partons demain dès le grand matin à la découverte
d'un monde nouveau pour moi. Je ne suis jamais allé
qu'au Beillard d'un côté et qu'à Remiremont de l'autre, à trois lieues de notre maison.

Mon carton est prêt à recevoir les plantes nouvelles des Hautes-Vosges, et jai visité mon herbier et
pris des notes.

Quant à mon grison, c'est un gaillard plus vif et
plus alerte que je ne l'aurais cru.

Nous savons maintenant qu'il ira bien et loin.

LXXXI

24 juillet.

J'ai commencé à écrire à mon frère Louis, qui s'ennuie bien dans sa garnison, la description de mon voyage. Je veux qu'il se croie un moment avec nous. Il commençait aussi à étudier la botanique, et il aime comme moi nos chères montagnes. Je suis sûr qu'il prendra plaisir à me lire. Plus lettré qu'on ne l'est généralement au village, il a des goûts très sérieux. Je me suis livré parfois avec passion à la lecture des romans historiques de Walter-Scott, de Fenimore Cooper, et du *Journal pour tous*; lui n'aime dans la lecture que ce qui offre un sens pratique : il regarde la rêverie comme un désordre de la pensée. Cependant, bien qu'il ne comprenne pas la poésie, je l'en ai vu souvent touché, quand je lui lisais quelques beaux vers. Assurément ses goûts le sauveront des ennuis d'une oisiveté quelquefois prolongée. Nous le voyons bien par ses lettres, qui sont pleines des observations les plus justes et des descriptions les plus intéressantes. Comme lui aussi, je n'aime que la vérité (1).

(1) Le voyage à Gérardmer et à la Schlucht dont il est ici question ne fait pas partie de ce journal; mais, comme il s'y rattache, nous l'avons placé à la fin du volume. .L. J.

LXXXII

1er août.

L'été, avec tout son luxe voisin de la décadence, a depuis longtemps déjà succédé au printemps. Les champs sont couverts de moissons mûres, que le vent fait ondoyer. Les moissonneurs abattent en chantant les épis dorés. Dans les prairies une seconde végétation s'épanouit. La berce et les liondents élèvent leurs tiges hautes et élégantes au-dessus d'une verdure tendre, qu'émaillent l'euphraise et la brunelle. L'abeille, en bourdonnant, butine le miel sur le serpolet et la bruyère, qui embaument les bords du sentier et les escarpements de la colline. Les oiseaux ont fini leurs chansons et leurs amours; ils n'égayent plus que par de petits sifflements monotones les solitudes ombreuses des bois et des bocages. Autour de moi, les roses effeuillées jonchent la terre, images de la beauté, de la jeunesse, brillantes, mais éphémères. Le même jour les a vues naître et mourir.

Un doux parfum remplit l'air de ma solitude. Le réséda, les pois de senteur, les capucines et les œillets d'Inde entrelacent librement leur feuillage et leurs fleurs, et tapissent les parois de ma retraite d'harmonieuses couleurs. Le coudrier, « à l'ombre errante et légère », comme dit le poète, laisse mollement filtrer jusqu'à moi un rayon de soleil, à travers les interstices de son feuillage mobile.

Je rêvais au bruit léger du vent et du ruisseau de la vallée, lorsque j'entendis dans le lointain gronder la foudre. Je levai les yeux. Des nuages amassés à l'horizon s'avançaient noirs et menaçants. C'est un spectacle que je ne puis me lasser de considérer. Avant que la nuée épaisse passe devant lui, le soleil est d'un éclat sombre et terrible. Tout est dans le silence ; puis un vent sourd et fort rase la terre. Je vois l'oiseau regagner d'une aile rapide son nid ou sa retraite privilégiée. Quelques papillons inconsidérés voltigent d'un air effaré au-dessus des fleurs de mon jardin. Les roulements lointains du tonnerre, répercutés de colline en colline, et les cris sinistres des buses et des corbeaux qui volent en rond au-dessus de la forêt, troublent seuls le silence majestueux de la nature (1). La pluie, la grêle peut-être, blanchit déjà l'horizon, et je me hâte de me réfugier sous le toit paternel.

... Une heure s'est écoulée. L'orage est loin de nous. Une pluie torrentielle est tombée des nuages houleux, sombres, bas, déchirés par la foudre : un vent impétueux a balayé la terre et courbé les épis onduleux et les rameaux verts des arbres. Un mo-

(1) Ici Xavier Thiriat rejoint sans s'en douter le grand poète des *Géorgiques* dans les descriptions qu'il fait, au premier chant, des *Signes avant-coureurs de la tempête.*   A. CAMPAUX.

ment, le ciel et la terre semblaient confondus dans une convulsion suprême.

Qu'il est doux maintenant de contempler l'arc-en-ciel étalant ses couleurs splendides sur les noires phalanges de la tempête qui fuit ! De vastes éclairs, comme de magiques traits de feu, sillonnent toujours la rue, et la foudre roule encore au loin, tandis que, dans la vallée, des myriades de pierres ruissellent sur le feuillage éclatant des haies et des hautes herbes. L'eau s'est amassée dans le creux sentier, et, dans ce miroir paisible, né des tempêtes, je vois se refléter les teintes riantes de l'arc-en-ciel, les nuages qui passent et la feuille mobile de l'arbrisseau voisin.

LXXXIII

5 août.

Mon voyage à Gérardmer ne peut s'effacer de ma mémoire ; il me revient presque à toute heure. C'est que, outre l'intérêt, le plaisir et les nouvelles connaissances scientifiques que j'y ai trouvés, j'y ai acquis des leçons d'un autre genre. Chaque fois que je vois des foules, et parmi elles l'activité du travail ou des jouissances, je m'interroge sur le mouvement de la vie sociale, j'observe avec avidité ce qui se passe, j'écoute les moindres paroles, cherchant à saisir ce que la solitude ne peut me faire connaître. Je songe alors aux travaux perpétuels, non plus de l'homme isolé comme chez nous dans sa grange, sur le flanc d'une montagne, non plus seulement des hommes réunis dans les villes, mais d'une grande nation comme la France, qui, comme si elle ne formait qu'une seule âme de la réunion de tant d'âmes, conçoit et exécute les plus gigantesques entreprises, mais de tous les peuples ensemble qui se heurtent, se mêlent, échangent leurs produits, leurs idées, comme les habitants d'une seule ville.

Par moments, sur les hauts lieux où j'étais, je croyais planer dans l'espace, au-dessus de la terre, et voir l'immense fourmilière humaine courir, s'agiter pour construire ses demeures et y vivre un jour, aller en longue bande au travail et aux provisions, ou s'avancer en masses noires à la destruction d'une peuplade voisine. Moi, atome dans cette infinité, je me sentais comme de l'orgueil de pouvoir, par la pensée, saisir l'ensemble de tant de choses.

Retombé dans la solitude et dans l'impuissance, je me consume, comme un spectateur inutile, tandis que tous les hommes me semblent être des acteurs passionnés. Oh! que je voudrais me mêler à la vie d esa utres!

LXXXIV

8 août, 10 heures du soir.

Un soir, à cette époque de l'année, bien longtemps j'en garderai le souvenir, j'étais, comme en ce mo-

ment, penché à ma fenêtre, prêtant l'oreille aux stri-
dulations des sauterelles, aux murmures légers du
vent et du ruisseau ; comme ce soir, mon esprit errait
dans le ciel bleu et parmi ces mondes attachés à la
céleste voûte. Tout était à mon cœur harmonie,
amour et poésie. Trois années se sont écoulées depuis,
et je cherche en vain à reconstruire les douces évoca-
tions de ma pensée pendant cette rêverie délicieuse.
Dans la brise, dans le nuage coloré, dans l'étoile
riante, je ne trouve plus ni la voix, ni l'image de celle
que j'aimais ; mon cœur détrompé soupire à la vue
de ces tableaux si pleins jadis de jeune poésie.

Mais la nature a toujours ses voix pleines de mystères ; le murmure monotone des eaux sur leur lit de
cailloux et de rochers, les frissonnements de l'air, ces
ombres légères des nuages qui errent, comme des
fantômes sur les collines éclairées par la lune, em-
portent encore mon esprit sur l'aile d'une ineffable
mélancolie. J'espère contre toute espérance ; j'oublie
les orages du passé et les sombres perspectives de l'avenir, pour laisser mon imagination se bercer encore une
fois d'une de ces rêveries qui faisaient mon bonheur.

C'était à une simple créature que je donnais follement jadis tout l'amour dont mon cœur brûle pour
tout ce qui est beau et bon, pour toute la nature ;
c'est vers Dieu maintenant que m'élève la contemplation des œuvres magnifiques dont il a paré le séjour
passager de cette pauvre terre. En considérant les
splendeurs de ce firmament étoilé et la lumière ré-

veuse et indécise de la lune qui éclaire la vallée endormie et riante, je me dis : si ces merveilles des cieux et de la terre, qui me parlent en si doux langage des grandeurs de Dieu, ne sont qu'une ombre des splendeurs infinies préparées aux élus, oh ! le ciel est bien beau !

LXXXV

9 août.

Voilà déjà longtemps que je griffonne sui des papiers timbrés des choses auxquelles, je l'avoue, je ne prenais pas grand intérêt. Je fais toutefois mon métier de secrétaire de mairie avec conscience, je le crois. Je suis maintenant bien au courant, et je vois dans cette tâche un moyen de compléter mon instruction et de ne pas rester étranger au monde. Comme je suis dans un poste qui me met en relation avec tous les administrés de mon père (1), je mettrai tous mes soins à m'en faire des amis. Je crois qu'il m'est assez facile de conquérir l'estime et l'affection de la population de ma commune. Déjà je me vois un peu considéré par MM. les conseillers municipaux, qui, plusieurs fois, m'ont invité cette année à prendre part à leur réunion quand je les trouve au village. Mainte-

(1) M. Thiriat père a été maire de la commune du Syndicat de 1849 à 1865. — L. J.

nant que, grâce à mon âne, je puis un peu voyager, j'aurais tort de me croire voué désormais à un éternel isolement et je ne veux plus me laisser abattre par la mélancolie.

Les devoirs d'un secrétaire de mairie dans une commune rurale sont assez multiples ; mais, comme je ne puis faire les courses que le métier exige, j'en suis réduit aux écritures. Rédaction des actes de l'état civil, extraits de ces registres, recensement des conscrits, listes électorales, délibérations du conseil, procès-verbaux d'adjudication, etc., c'est un détail d'administration locale qui se rattache par tant de points à la grande administration, que je finirai par comprendre le mécanisme gouvernemental et administratif. Puis la correspondance qui est de tous les jours, pour ainsi dire, m'initie forcément à tout ce qui concerne l'administration municipale. J'y ai travaillé quelque temps sans goût ; mais, à mesure que je suis revenu à la vie réelle, que je me suis étudié et amélioré, j'y ai trouvé plus de charme. Je suis aussi forcé de lire les codes, les ouvrages sur la législation et sur les diverses branches de l'administration. Certes, je ne prends aucun plaisir à cette lecture, mais je m'y attache, parce que je sens que cette étude m'est utile pour seconder mon père. Je commence enfin à me persuader que Dieu m'a réellement créé pour autre chose que pour faire de la guipure, du plumetis, du feston, et pour user, comme une fillette mon intelligence dans de folles rêveries.

Je m'exalte peut-être, dans ma bonne volonté, car qui soutiendra mon courage? Je sors très peu de la maison, où je tiens les registres de l'état civil et la correspondance. Quand on me conduisait dans une voiture à bras à la maison commune ou au village paroissial de Saint-Amé, je me trouvais gêné et mal à l'aise. Les paysans de cette vallée me regardaient avec de gros yeux comme une bête curieuse; je dis bête, car personne, sauf de rares exceptions, ne m'adressait la parole, comme si j'étais un être muet et bon pour exciter la curiosité des badauds. On se mettait aux fenêtres pour me voir passer. Je ne savais si je devais me fâcher ou pleurer en me voyant ainsi, parce que j'étais paralysé des jambes, en butte à la curiosité publique.

Maintenant que j'ai un âne pour me conduire, en serai-je plus relevé aux yeux de tous? Du moins on me verra plus souvent, et la curiosité sera moins grande. D'ailleurs, j'ai l'intention de regarder le monde en face désormais, et de faire baisser les yeux aux sots qui s'aviseront de me regarder sans m'adresser la parole.

LXXXVI

15 août, au cimetière du village.

Les joyeux carillons ont jeté dans les airs leurs dernières volées ; l'encens s'est éteint dans le sanctuaire et la foule des fidèles, réunie autour de l'église sur les tombes des aïeux, se disperse vers les hameaux d'où elle était partie.

Me voilà seul, assis sur les marches moussues de la vieille croix qui domine le champ du repos.

A quelques pas de moi passe la foule inattentive. Partout des groupes de jeunes filles foulent la cendre des morts en traversant le cimetière. Leurs robes ondoyantes frôlent de leurs plis de soie les croix et les tertres funèbres. Chacun autour de moi cause et sourit. Passez, passez, gais villageois, jeunes hommes souriants, jeunes filles brillantes, heureux vieillards que les ans n'ont pas encore courbés ; que me font à moi vos causeries, vos rires et vos affaires ? C'est avec les morts que je veux m'entretenir. Partout autour de moi est inscrit *ci-gît*, et sous ce mot lugubre le nom d'une personne qui, comme cette jeunesse heureuse et belle, a foulé ce sol des tombeaux...

... O ma mère, qui nous fûtes enlevée si jeune, le tertre verdoyant qui recouvre votre dépouille mortelle est infiniment plus beau à mes yeux que tous ces monuments ou épitaphes pompeuses élevées aux amis de ma famille. C'est sur votre tombeau que j'aime à me souvenir d'autrefois, à venir verser des pleurs. Oh ! si du séjour des âmes heureuses, vous voyez votre enfant triste et prosterné sur vos cendres, ayez pitié de lui et faites que les jours d'épreuve qu'il subit ici - bas lui procurent votre éternelle félicité !

Quand on m'amena ma voiture, ma prière, mes réflexions et mes pleurs m'avaient fortifié. Je dis adieu pour longtemps encore au village, et je retournai à mon ermitage.

LXXXVII

18 août.

Ce soir dimanche, je suis allé jusqu'au haut de la colline. L'air était calme et le ciel sans nuages. Les derniers feux du soleil, qui se balançaient sur l'horizon, illuminaient les coteaux de teintes pourprées et allongeaient les ombres des arbres, si harmonieusement épars dans les prairies. Les oiseaux s'étaient tus ; on n'entendait plus que le murmure des ruisseaux, les clochettes des troupeaux et les rires de la jeunesse, qui se promenait et s'animait à de douces causeries et à des réparties joyeuses.

Je voulus lire, mais je laissai tomber de ma main le livre que j'avais apporté, c'était la *Religion*, de Louis Racine. Devant les beautés splendides de la fin du jour dans nos montagnes, il n'y avait pas de place dans mon esprit pour des idées aussi sèchement historiques et philosophiques. Lamartine ou Châteaubriand eussent seuls pu captiver mon imagination.

Les chants et les voix joyeuses, dont la brise du soir m'apportait les échos, ne m'ont pas causé, comme à l'ordinaire, cette tristesse invincible que fait naître en moi l'impuissance où je suis de jouir des plaisirs ordinaires de la société. Je suis resté calme. Je pourrais dire qu'il y avait du bonheur dans ma contemplation, comme si j'étais devenu un autre homme.

LXXXVIII

23 août.

Belle soirée d'été. J'ai écrit tout le jour ; je suis venu ensuite herboriser sur la colline, et, tout en admirant et étudiant la nature, je me suis senti heureux, heureux comme je ne l'ai pas été depuis longtemps.

> Et j'écoutais ces voix terrestres et divines,
> Tout en mêlant mes chants à ceux du laboureur.
> Dans la plaine vibraient les cloches argentines,
> Hymne du crépuscule offert au Créateur.
>
> Ces sons de l'*Angelus*, prière modulée,
> Allaient dans la montagne, éveillant les échos ;
> Des étoiles brillaient au ciel de la vallée,
> Et dans l'azur veillaient les anges du repos.
>
> L'astre des nuits naissant des noirs sapinières
> Montait, globe d'argent, sous le bleu firmament ;
> Et, rêveur, j'écoutais au milieu des bruyères
> Des voix qui s'éteignaient au vallon doucement.

J'ai commencé à crayonner un poème, qui sans doute restera inachevé, comme tant d'autres que j'ai ébauchés dans mes promenades solitaires. J'ai voulu fixer ces quelques vers sur les pages de ce cher journal en souvenir de cette délicieuse soirée.

LXXXIX

27 août.

Non, ma solitude ne m'est plus pesante. Elle a même plus de charme pour moi, depuis que, commençant à m'enfermer dans la vie réelle, mon cœur ne fait plus de rêves impossibles ; depuis que je cherche à trouver le bonheur dans les modestes jouissances qui se trouvent à ma portée, et qu'enfin j'abandonne l'océan incertain où se perdait mon imagination pour m'abriter dans le doux et paisible port de mon ermitage.

Mon cœur ne rêve plus tristement une liberté physique qui ne peut m'être rendue, ni la société dans laquelle je ne puis prendre place, ni les plaisirs qui ne sont pas pour moi. Mes fleurs, mes livres, mes études si diverses, mes promenades sur la colline, quelques rares courses dans les communes voisines avec mon âne : voilà mes distractions. Mon père, mes frères, mes petites sœurs surtout, voilà ma compagnie préférée, mes amours, ma consolation.

Cependant parfois, assis à l'ombre des charmilles, je me dis qu'il est triste de vivre sans espérer, en dehors de la famille, une amitié sincère et inaltéble. Isolé de la société, je retrouverais le monde dans un ami intelligent et dévoué. Est-ce donc impossible ?

Oh ! je saurai tellement borner mes désirs qu'un jour viendra où je pourrai dire : J'ai ce qu'il me faut ; tellement réprimer mon imagination que je pourrai voir le bonheur des autres et ma triste situation sans envier l'un et déplorer l'autre. La voie qui mène au bonheur sur la terre me sera ouverte, alors que je vivrai dans ma position avec un parfait contentement intérieur.

XC

1er septembre.

Mon frère Louis nous écrit qu'il est malade et qu'il est à l'hôpital ; cette nouvelle m'a profondément attristé. Pas un ami auprès de lui pour alléger son mal et ses ennuis ! Par son instruction, qu'il ne doit presque qu'à lui-même, par son esprit observateur, il est bien au-dessus des camarades de chambrée de son régiment ; ce ne sont pas eux qui, dans une visite banale, remplaceront un frère, un ami véritable.

Moi aussi, je suis abattu par une cruelle névralgie qui me fait passer dans la souffrance les nuits et les jours.

La pluie tombe, et la nature, voilée d'un lugubre

linceul de brumes humides, ajoute, ce me semble, à ma douleur physique et morale.

Les fleurs de l'*ermitage* tombent étiolées avant d'avoir fleuri. Les oiseaux n'ont plus de chansons, et des légions de grives et de geais font entendre dans les taillis leurs cris sauvages.

L'eau a détrempé le sable des sentiers et couvert l'herbe des gazons ; je ne puis sortir.

XCI

3 septembre.

J'ai pris au sérieux mes fonctions de greffier. Je crois qu'il y a dans ce titre quelque chose qui sert à me relever aux yeux des autres.

Outre la distraction que le travail de la mairie me donne, et les idées toutes nouvelles que j'acquiers ou que je suis forcé d'étudier, j'apprends encore à connaître les hommes. Un simple garde-champêtre, placé cependant au dernier degré de l'échelle administrative, est salué et honoré. Que sera-ce d'un greffier ? Depuis que je suis investi de cette *dignité* de scribe, il me semble en effet que je suis entouré d'un léger reflet de l'ascendant moral qu'ont les notables du pays sur le reste du peuple. Mais certes, je suis bien loin de me rengorger dans une fière attitude de supériorité. On veut bien dire que je suis obligeant. Le beau mérite ! est-ce que l'obligeance n'est pas une chose toute naturelle et, pour ainsi dire, obligatoire ? Pourquoi y a-t-il donc dans les diverses administrations tant de menus employés qui se privent du plaisir d'être affables et serviables ?

Depuis que j'ai un âne, qui trotte lestement et que je conduis à grandes guides, assis sur la chaise de mon petit char à bancs, je me trouve bien heureux. Ma liberté s'étend, et je jouis pleinement du bien-être relatif qu'un stupide animal me procure. Je suis maintenant une connaissance des habitants de la commune, et un employé devant lequel plusieurs ôtent leur chapeau. C'est, ma foi, toute une transformation, et je ne m'en étais pas encore aperçu. Quand je vais au village, maintenant, on me regarde d'un autre œil qu'autrefois, et avec une mine plus souriante. Serais-je devenu tout à coup un personnage important et sans que j'eusse changé le moins du monde ? Le rang ou la fortune, voilà ce que l'on considère parmi le peuple. Un manœuvre, le premier venu, qui serait élevé aux fonctions de garde-champêtre serait considéré comme s'il venait de recevoir un héritage de trente mille francs.

XCII

6 septembre.

C'est encore l'été avec son soleil aux gerbes éclatantes de lumières, ses ombres, sa verdure et son ciel bleu. Les oiseaux recommencent même à chanter : alouettes, fauvettes, rouges-gorges font entendre dans les airs et au milieu des buissons un gazouillement novice. La mue est passée pour eux ; on dirait de jeunes oiseaux sortant du nid et essayant leurs premières chansons.

L'euphraise et la brunelle émaillent les gazons des pâturages. La bruyère couvre d'un tapis purpurin et parfumé les landes de la colline, où poussent les genévriers, les genêts et les bouleaux.

Ce soir, la brise légère qui souffle dans le ciel pur m'apporte ces émanations suaves des collines. La sauterelle verte des buissons et le criquet des gazons font entendre leur musique monotone. Ils remplacent dans nos provinces du nord la cigale harmonieuse du pays des trouvères, de même que la grive et le rouge-gorge sont pour nos bois montagneux et nos taillis bocagers ce qu'est le rossignol dans les plaines, aux beaux jours de mai.

Le soleil, de ses derniers rayons, baigne d'une lumière dorée ma colline natale. Ses rayons arrivent à ma retraite fleurie comme tamisés à travers les interstices du feuillage des hêtres et des lilas, et je lis, j'écris ou je rêve dans mon asile solitaire. Sur ma table sont les *Lettres à Julie sur l'entomologie*, du poète naturaliste Mulsant, et quelques journaux.

La lecture, après le travail manuel, me repose le corps et l'esprit. Je n'ai pas passé un seul jour depuis mon enfance sans lire et sans écrire. C'est ainsi que peu à peu je me suis instruit et que j'ai pu acquérir les notions élémentaires de diverses sciences, de la littérature, de l'histoire, qui me sont si nécessaires. Pour apprendre sans maître, il faut savoir déjà, sinon le progrès se fait lentement. J'ai mis quinze ans à acquérir un style et une orthographe passables !

XCIII

8 septembre.

En relisant les notes que j'ai prises dans mes souvenirs sur les joies de mon enfance, je trouve la naïve description suivante des bonheurs que nous procurait l'arrivée de la fête patronale.

« A la fin de l'été et au commencement de l'automne, ont lieu, presque partout dans nos environs, les fêtes patronales. Quand la fête approchait, on se réjouissait considérablement.

« Non seulement, ce jour-là, on mangeait du pain blanc (et dans bien des ménages on n'en usait que ce jour-là), mais on avait aussi de la tarte, de la viande et quelquefois du vin. Presque tous les enfants de nos montagnes avaient chaque jour de quoi se rassasier, mais de pommes de terre et de pain noir, et il ne faut pas s'étonner s'ils prenaient intérêt à l'arrivée prochaine du jour extraordinaire où, non seulement on mange tout son soûl, mais où on voit sur la table de bonnes choses comme du pain blanc et de la tarte.

« Ce n'était pas de la tarte de tous les jours cette fois-là, et on en faisait une grande fournée, et il y entrait des œufs, du beurre et du fromage. On en faisait aussi, qui était bien la meilleure, en remplaçant le fromage par des pommes cuites, des prunes, des cerises. Il y avait de quoi se réjouir.

« Le dimanche de la fête, on mettait pour aller à la messe ses plus beaux habits, puis au village, après l'office, on allait jouer à la loterie de faïence, on demandait un sou à maman pour acheter un bâton de sucre d'orge, un autre sou pour aller sur les chevaux de bois, puis on s'en retournait à la maison. On quittait toutefois avec regret la bonne musique des bals en plein air, et les boutiques où s'étalaient tant de belles choses, mais on pensait qu'à la maison on aurait de la tarte, et on se dépêchait de monter les sentiers escarpés des coteaux, en songeant cependant que ceux qui habitent les villages sont bien heureux.

« La grand'mère, qui avait gardé la maison et qui avait préparé le dîner, attendait sur le seuil en épluchant une salade. On ôtait ses habits de *messe* pour se vêtir de ceux des jours de fête à la maison, et on se mettait à table. On avait, chez les gens un peu à l'aise, de la soupe au pain blanc, qui avait des yeux de graisse, puis du bouilli, des légumes, avec du lard, de la grillade, du boudin, du rôti, de la salade, et on buvait du vin. Tout cela était bon, nouveau, appétissant, mais la tarte tardait bien à venir. Enfin on la servait, et chaque enfant voulait en goûter de toutes les façons. On mangeait tant et tant de ces bonnes choses auxquelles on n'était pas accoutumé, que, sur quatre enfants, deux au moins étaient malades dans la soirée et ne pouvaient plus manger, pas même de tarte. Oh ! la fâcheuse indisposition !

« Nous avions presque toujours à la fête des oncles et des tantes ou un ami de mon père qui nous comblaient de caresses et nous donnaient des sous. Ce beau jour passait bien vite, ainsi que son lendemain. Un montagnard de Gérardmer disait : « Pendant les jours d'été, on dirait que le soleil marche sur des œufs, tant il va lentement, et le jour de la Saint-Barthélemy (patron de Gérardmer), on peut croire qu'on le poursuit à coups de perche. » C'était partout de même. Mais quelle bonne fête en famille !

Il y a huit jours que s'éteignaient les dernières chansons et les dernières fanfares des clarinettes de la fête du Tholy. Pendant tout ce mois de septembre il y a fête patronale chaque dimanche dans l'une ou l'autre des paroisses de nos vallées. Mais depuis quinze ans, je suis renfermé dans ma solitude, et je ne comprends plus les joies de la jeunesse rieuse qui recherche les plaisirs dans ces réunions bruyantes des villages. Jamais on ne me verra me mêler à ces foules joyeuses ; mon bonheur, ce jour-là, je le trouve dans ma famille.

XCIV

10 septembre.

J'avais toujours eu la plus haute idée d'un conseil municipal. J'ai vu souvent des conseillers causer d'un air grave sur la place du village ou au cabaret ; tutoyer le maire et me regarder du haut de leur grandeur d'un air de protection. Je me disais : « Voilà des hommes forts, des hommes qui sentent la plénitude de leur bon sens, qui connaissent le poids de leurs paroles. Qu'il est beau de poser ainsi dans la société ! Quand même ils déraisonnent ou parlent de choses futiles, on s'empresse de leur répondre ; on sourit à leurs rustiques saillies, tandis que ce que je dirais de plus sensé dans une compagnie aussi distinguée sera considéré comme un raisonnement d'enfant. Acclamés au scrutin municipal par la voix de tous les habitants, ils ont le droit de laisser lire sur leur figure la gravité et la supériorité de caractère qui conviennent aux représentants des intérêts d'une commune. Mais c'est dans les séances du conseil que leur esprit, leur bon sens doivent se montrer au grand jour, qu'ils doivent être à la hauteur d'une mission qui les enorgueillit à juste titre. Simples laboureurs ou marchands, ne s'occupant que de leurs ménages et de leurs affaires, ne lisant pas, n'écrivant jamais, ils doivent être fiers d'être, à certains jours, invités par lettres de M. le Maire, à venir, dans la grande salle de la mairie, donner leur avis sur les questions de finances, de voirie, d'aménagement, d'instruction publique, etc. Ils se disent sans doute : A quoi sert l'instruction ? Moi, qui ne sais lire que les prières de la messe, on me choisit pour discuter des questions que M. le Préfet, tout savant qu'il est, ne peut résoudre sans nous. Nous savons bien qu'il faut ménager l'argent d'une commune, que nous sommes commis exprès pour empêcher l'administration de faire tant de nouveautés coûteuses, qui absorberaient nos revenus ou qui nous jetteraient dans les dettes. Aussi, sont-ils satisfaits de leur bon sens, contents de savoir signer, et fiers d'être conseillers, ce qui est surtout la preuve qu'ils sont riches et considérés. Voilà ce que je me disais ; et, songeant qu'ils sont après le maire ce qu'il y a de plus considérable et de plus respectable dans nos communes rurales, j'enviais presque leur position. Où l'ambition va-t-elle pas se nicher ?

XCV

14 septembre, huit heures du soir.

Des éclairs, serpents de feu, étoiles aux mille ramifications, illuminent les nuages sombres et resplendissent dans la nuit obscure. Je viens de prendre des notes sur la marche et les caractères remarquables de cet orage, le dernier peut-être de la saison d'été. Le vent devient fort, la pluie tombe, la température baisse. Les tempêtes, les pluies de l'équinoxe vont arriver, puis après, les jours tièdes du premier mois d'automne.

Dans ma promenade d'aujourd'hui, j'ai remarqué les teintes changeantes des forêts. Les grands hêtres ont déjà leur cime jaunie.

XCVI

16 septembre.

Je commence à comprendre l'embarras des hommes. Les années dernières, j'avais le dimanche à moi pour lire, observer et écrire; maintenant, ce jour-là, la plupart du temps, depuis une heure après midi jusqu'à la nuit, il y a du monde chez nous.

M. le greffier! M. le greffier! J'aimerais mieux qu'on me dît Xavier tout court. Est-ce que je suis plus monsieur qu'auparavant? Mais le paysan fait le raffiné devant l'autorité.

Une *dame* qui se plaint toujours d'avoir été volée et qui a toujours des déclarations à faire à ce sujet à la mairie, se figure que nous sommes des gens de distinction. Quand elle entre sous notre toit, si elle voit que notre plancher est lavé, elle laisse ses sabots à la porte, s'incline en saluant M. le maire et M. le greffier, et si, pendant qu'il sort de sa bouche des flots de paroles, il s'y mêle de la salive, elle crache dans la large poche de son tablier, afin de paraître propre et de ne pas salir le plancher de la chambre. Et cette dame si révérencieuse et si polie a une demeure aussi malpropre qu'une tanière de bête fauve et donne tous les jours de l'ouvrage à la police.

Mon dimanche est donc gâté. Plus de liberté ce jour-là ; car, comme on sait que mon *bureau* est toujours ouvert, chacun profite du jour du repos pour venir chez moi, l'un pour des renseignements, l'autre pour un acte à rédiger ou pour un sous-seing privé. Plus de promenades cette après-midi-là sur le coteau, le long des haies, un livre à la main, ou dans la forêt ; plus de méditations silencieuses devant la nature ; car si je sors et qu'il me vienne une visite, il me faut revenir au plus vite tout désappointé et avec fatigue. Combien de fois j'ai été ainsi ravi à des herborisations délicieuses, à de douces contemplations pour passer dans une compagnie plus ou moins vulgaire ! Quelquefois, c'est une bonne société ou un ami qui est venu de loin pour me voir, et j'en suis enchanté ; mais bien souvent aussi c'est un gros rustique et bon paysan qui n'est pas pressé, et qui me tient société le reste du jour ; j'en ai vu qui venaient tout exprès, je crois, pour m'apporter l'ennui. Je faisais, toutefois, contre fortune bon cœur, et j'amusais le bonhomme, tout en songeant à mes livres, à mes fleurs, à toutes ces choses que le paysan ne comprend pas.

XCVII

17 septembre.

C'est par un de ces dimanches, où je m'étais caché derrière un rocher pour échapper aux importuns, que je rimai de mauvaise humeur cette méchante boutade :

AUX PAYSANS DE LA MONTAGNE

Vous ne comprenez pas la douce mélodie
Qui monte vers les cieux de l'aurore au couchant.
Pour vous les vallons verts n'ont pas de poésie,
Les fleurs sont sans parfum, les bois n'ont pas de chant.
Si vos yeux par hasard s'arrêtent sur la terre,
Vous comptez combien d'or elle pourra vous faire.
Rien que l'or en nos prés attire vos regards.
    Ah ! passez, montagnards.

Oh ! que vous font, à vous, les voix de la nature,
La brise qui d'avril caresse les splendeurs,
La feuille qui frémit, le ruisseau qui murmure,
L'épanouissement et les amours des fleurs ?
Toute chose, pour moi, tient un secret langage,
De secrètes faveurs comblent mon ermitage ;
Une innocente joie y vient de toutes parts.
    Ah ! passez, montagnards.

Vous ne me voyez point, quand toute la jeunesse
Aux fêtes en riant vient chercher le plaisir;
Je ne puis partager votre folle allégresse :
Vos rondes et vos chants me feraient trop gémir.
Si mon cœur en vous seul bornait sa jouissance,
Que deviendrais-je, hélas! triste et sans espérance?
Mais pour l'infortuné le Ciel à des égards.
       Ah! passez, montagnards.

Et je me plais ainsi dans la mélancolie
Qui berça ma pensée au printemps de mes jours,
Car je ne connais pas les charmes de la vie
Ni ce que vous nommez de riantes amours.
Jouissez du bonheur que vous donne la terre,
Mais laissez librement ma muse solitaire
Sur les trésors de Dieu promener ses regards.
       Ah! passez, montagnards.

L'été, quand je suis seul, errant sur la colline,
Je sens mon âme en paix et le ciel me sourit;
J'ai les fleurs, les oiseaux et la source argentine,
Toutes les voix des champs pour charmer mon esprit;
Et quand l'hiver sur nous jette un manteau de glace,
Lorsque la terre en deuil sous la neige s'efface,
J'aime encore l'aquilon qui roule les brouillards.
       Ah! passez, montagnards.

XCVIII

20 septembre.

Les jours sont devenus plus courts et chacun
rentre de bonne heure au logis pour souper. C'est ce
moment-là qui est devenu pour moi une source nouvelle d'instruction. Mon père, assis à table au milieu
de nous, ne parle guère que du travail du jour ou

du lendemain. Mais je le vois souvent, silencieux, ruminer dans sa tête le moyen de faire éclore quelque projet d'utilité publique dans notre commune. Depuis que j'ai pris goût à l'étude des affaires communales, je l'interroge et je m'instruis. C'est alors qu'il nous parle avec abondance quand je l'ai mis sur cette voie. Il nous a fait suivre une à une toutes les phases du grand procès qu'il a soutenu, de concert avec les maires des autres communes de l'ancien ban de Vagney, et qui vient d'être mené à bonne fin. Un arrêt de la Cour de Nancy, du 11 mai 1843, privait les communes de ce ban de la propriété de leurs forêts et d'une grande partie du sol communal vague. Aujourd'hui, par suite d'un cantonnement, elles sont redevenues propriétaires de ces immenses forêts. Cette grande affaire n'est point complètement terminée, mais elle le sera certainement sous peu.

Une autre fois, il nous parle de l'instruction primaire dans le pays. Outre les deux écoles qu'il a fait construire et qu'il a mises sur un pied tel qu'il n'y manque rien, il voudrait rendre l'enseignement gratuit pour les enfants, donner à chaque école une bibliothèque spéciale, en un mot, faire par tous les moyens la guerre à l'ignorance. Puis, non content d'avoir fait des ponts et des chemins, il projette de réparer les voies de vicinalité et d'ouvrir des chemins ruraux, surtout dans les parties de la commune qui en sont encore privées, de supprimer le partage de l'affouage entre les habitants, et de décharger en même temps ceux-ci de toutes prestations. Enfin, le plus pénible pour lui, c'est de dire l'opposition qu'il rencontre à ses idées. Il lui faut ménager les errements routiniers de l'ignorance des gens influents, qui voient de mauvais œil agiter des questions aussi neuves pour eux et qui accueillent ses propositions avec un silence désapprobateur. Néanmoins il poursuit son œuvre avec zèle, sans grand espoir de réussir.

XCIX

21 septembre.

Voyant que l'étude de la botanique n'a pas pour nous de difficultés insurmontables, nous projetons mon frère et moi, d'étudier les insectes qui peuplent nos prairies, nos champs et nos maisons.

Nous connaissons déjà les grandes divisions et les ordres, même certaines classes. Nous avons appris ces choses dans un livre d'histoire naturelle.

Nous avons commencé par les coléoptères, qui nous semblent les plus intéressants, les plus nombreux et les plus faciles à conserver. Mais existe-t-il pour la détermination des espèces, dans cette branche de l'histoire naturelle, des livres spéciaux comme pour la botanique? Puis comment recueille-t-on ces insectes, comment les conserve-t-on en collection? Questions insolubles, sans de nouveaux se-cours. Trouverons-nous, comme pour la botanique, un naturaliste complaisant qui veuille bien nous initier à cette étude nouvelle, qui nous paraît si attrayante?

En attendant que la Providence nous vienne en aide, Constant recueille des insectes et les place derrière le volet vitré d'un cadre sur de la ouate. Cette collection n'est sans doute guère dans les règles de la science ; mais telle qu'elle est, elle excite déjà l'ébahissement des voisins, qui viennent me voir le dimanche. Personne ici ne s'est jamais avisé de penser qu'on puisse faire une collection de ce genre, ni seulement que ces petites bêtes méritent l'atten-tion. On rit de l'idée de mon frère ; mais nous lais-sons rire. Un jour, nous finirons par découvrir un moyen de les déterminer et de les étudier, dussions-nous écrire à Épinal. J'ai vu dans la *Statistique des Vosges* que la partie entomologique de l'histoire na-turelle du pays a été écrite par M. Berher ; s'il le faut, nous écrirons à ce savant.

C

22 septembre.

Ma pensée revient fréquemment sur l'état des con-seils municipaux dans nos vastes communes rurales de la montagne, et surtout sur les conseillers eux-mêmes. Beaucoup de ces hommes, d'ailleurs fort honorables, ne savent pas même écrire. Ils ignorent les choses les plus élémentaires de l'administration d'une commune, et par cela même qu'ils ne savent rien, un certain nombre se sentent fiers de la considération qui vient à eux et de la capacité qu'on leur suppose ; aussi s'entêtent-ils dans les systèmes de routine les plus singuliers. On voit parfois s'élever le plus curieux antagonisme entre les véritables intérêts d'une commune et les intérêts de ceux qui sont chargés de la diriger. Dans le conseil, on ne comprend que ce qui se rapporte à l'argent. Amasser le plus possible et dépenser le moins possible, telle est la devise du paysan conseiller. Qu'il y aurait de choses à dire sur l'esprit qui anime nos populations, soit dans les élections, soit dans les discussions d'intérêts communaux! Il s'écoulera encore plusieurs générations avant que chaque électeur comprenne son vote, avant que chaque élu de la municipalité soit à la hauteur de ses fonctions.

Dernièrement, lors de la session d'août, j'ai été admis pour la première fois, comme secrétaire, à la séance du conseil municipal. J'en veux conserver le souvenir.

Je monte dans la salle des délibérations, et je m'installe au bureau. Je place sur la table les dossiers et les circulaires sur lesquels on devait délibérer ; j'ouvre mon registre, je prépare ma plume et j'attends.

L_e M_{aire}. — Messieurs, nous serions au complet, si ceux de là-bas voulaient monter. Allez voir, un de vous, les prier d'arriver.

Dix minutes ou un quart d'heure après, les membres retardataires entrent.

L_e M_{aire}. — Eh bien ! voyons, placez-vous ; prenez des chaises. Il faut nous dépêcher, il est dix heures (le conseil avait été convoqué pour neuf heures), et nous avons beaucoup d'ouvrage.

Ces paroles ne sont entendues que d'un petit nombre. Trois groupes de conseillers tiennent chacun une conversation différente dans la salle ; l'un s'occupe de la question fourragère, un autre de la maladie des pommes de terre, le troisième s'entretient d'un marché de vache et du prix des veaux. Un des membres qui parlent du fourrage est totalement absorbé dans ses prés : c'est un riche cultivateur aussi matériel qu'intéressé, il n'entend pas le maire qui répète : « Nous sommes au complet, la séance est ouverte. Voici une circulaire préfectorale que je vais vous lire. »

Le brouhaha continue dans un coin de la salle pendant que le maire fait la lecture annoncée. La majorité du conseil écoute toutefois ou paraît écouter.

La lecture finie, silence complet. Le riche possesseur de prairies cause moins haut avec son voisin, mais personne ne répond à la question posée par le préfet et rapportée par le maire.

L_e M_{aire}. — Vous avez bien compris, il s'agit de l'amélioration des chemins vicinaux. Le Gouvernement accorde de l'argent aux communes, à condition que celles-ci voteront une somme égale au subside accordé.

Même silence. — On agite, dans un coin, une question d'hypothèque. Un desmembres qui a assez de chemins pour aller à ses propriétés tourne tout à fait le dos au bureau.

Le Maire. — Messieurs, je serai forcé de lever la séance, si vous ne voulez pas délibérer. Voyons, Diaude, Colon, Mamin, laissez vos discours et venons au fait. Il s'agit de l'amélioration des chemins vicinaux, etc.

Tous les membres gardent encore le silence, chacun craint de parler le premier et désire se mettre du côté de la majorité.

— Puisque vous ne vous prononcez, dit à la fin le maire, ni pour ni contre la question, allons aux voix. Votre avis Jean ?

— Ce n'est pas à moi à parler le premier, dit Jean ; dites, vous autres, ce que vous en pensez.

— Eh ! voyons, Joseph ! reprend le maire.

— Comme on voudra, passez à un autre, répond Joseph.

— Et vous, Charlot ?

— Je suis de l'avis de Baptiste.

A la fin chacun des membres déclara être de l'avis de la majorité. On ne fit pas attention à la déclaration d'un des conseillers qui chercha à prouver à sa manière que le gouvernement ruinait les communes. Enfin on vota la somme proposée par le maire, et la délibération fut écrite et signée par tous les membres. Cinq ou six questions différentes furent traitées de la même manière.

Comme les heures s'écoulaient et qu'on n'avançait pas, j'étais obligé d'écrire la délibération sans bien comprendre quel était l'avis général.

C'est là, au milieu des travaux d'un conseil municipal, où l'ignorance, l'égoïsme, l'intérêt, la rancune et d'autres passions sèment la division, qu'on trouverait à faire une curieuse étude de mœurs. Il y a dans ces parlements rustiques une gauche, un tiers parti, une droite. Souvent des membres font des discours qui, s'ils étaient sténographiés, feraient bien rire ceux mêmes qui les ont prononcés. Quant au maire, il n'a guère de pouvoir dans la séance. Veut-il s'armer de la loi pour faire régner l'ordre, il s'attirera des rancunes et des haines, et tout ira de mal en pis. Quand un conseil n'est pas animé de l'esprit de progrès et de bonne union, l'honneur d'être le premier magistrat de la commune est une charge des plus lourdes, et il faut un tempérament bien trempé pour y résister. Assurément, tous ces messieurs du conseil sont de bonnes gens, je les estime fort, individuellement ; mais, ce que j'ai vu de leurs réunions délibérantes n'a pas augmenté en moi la bonne opinion que je m'étais formée des conseils municipaux de la campagne.

CI

23 septembre.

Depuis que je commence à avoir plus de relations avec la société et que j'entends causer toute espèce de gens, chez nous et au dehors, un vaste champ d'observations morales est ouvert devant moi. Je ris vraiment de la naïveté de mes idées pendant ces dernières années. Je jugeais les autres par moi-même ; je croyais que tout le monde était aimant, plein de franchise, poète ou adorateur des beautés de la nature.

J'avais déjà bien vu quelques voisins fort matériels, d'une rusticité épaisse, méchants même, mais je me disais que c'était une anomalie dans le genre humain, un vice d'éducation, et je m'imaginais sincèrement le peuple de nos vallées meilleur encore qu'il n'est. J'avais lu la *Statistique des Vosges* et d'autres ouvrages sur le département, écrits par des hommes qui n'ont certainement pas étudié le fond du caractère des habitants de nos campagnes. A leurs yeux, ils ont toutes les plus belles qualités ; je prenais le texte à la lettre et je jugeais qu'ils étaient sans défauts. Le temps n'est pas loin où je croyais que les fictions du roman étaient l'expression de la vérité ; mais, après avoir lu l'histoire, je trouvai dans les fables des *Mousquetaires* et autres œuvres d'Alexandre Dumas de quoi me dessiller les yeux sur les mensonges de cette littérature à émotions. Quelques voyages dans ma vallée, quelques sociétés où je me suis trouvé mêlé ont suffi pour m'éclairer sur le caractère moral des campagnes. J'ai compris cet adage populaire : Les bonnes gens ne valent plus rien.

Ce qui me fait parler ainsi ne mérite pas d'être raconté. Je n'ai été dupe de personne ; j'ai seulement reconnu que les amis véritables sont presque introuvables, et que, dans une infinité de gens, les défauts balancent les qualités, que je ne trouverai pas ici ceux qui pensent comme moi, et que je ne risque que de me créer des ennemis, ou de me susciter des trahisons, en conservant ma franchise. J'ai beaucoup appris en quelques mois dans le monde où j'entre à l'âge de vingt-cinq ans. Mes découvertes m'affligent au plus haut point, et je me demande pourquoi on cherche plutôt à se nuire qu'à s'entr'aider. Je ne vois presque partout qu'égoïsme et souci de l'intérêt particulier.

Pour être comme les autres, faudra-t-il me dépouiller de mon allure d'esprit ordinaire et de ma franchise ? Changer de caractère ! Oh non ! La révolution qui se fait en moi ce soir n'ira pas jusque-là.

Je me souviens du mot d'un philosophe : « Chaque fois que j'ai été parmi les hommes, j'en suis revenu moins homme. » Je ne pense pas comme lui, et je ne crois pas au mal en chaque chose et en chaque personne. Si j'ai perdu quelques illusions, c'est que je suis perfectible, et le monde tel qu'il est m'aidera à marcher vers la maturité de jugement et vers le bien, plutôt qu'il ne me fera rétrograder vers le mal. Il n'est ni bon, ni utile à l'homme, fait pour la société, de rester isolé et étranger à ce qui se dit et se fait dans le lieu qu'il habite, comme je l'ai été forcément pendant toute ma vie. J'ai été mélancolique, mais je ne veux pas devenir misanthrope.

CII

25 septembre.

Comme aujourd'hui je sors bien plus fréquemment, et que j'ai l'occasion de voir plus de choses, je songe à la réalisation d'un projet que j'ai conçu il y a déjà plusieurs années, mais qui, jusqu'à ces derniers mois, est resté à l'état vague. J'avais le dessein d'écrire une notice sur l'histoire de ma vallée. Voilà longtemps que j'interroge les vieillards, que je prends des notes dans toutes les occasions sur l'antiquité des populations du pays, sur leur histoire, leurs mœurs, leurs superstitions, les légendes et croyances populaires, etc.

Maintenant c'est un livre que j'ose concevoir, un livre assez étendu, qui serait comme le tableau du

passé et du présent. Je puis aller consulter les archives de notre commune et des communes voisines.
J'irai prochainement au Tholy chercher des renseignements historiques. J'entrevois déjà un peu le plan
de mon travail qui demandera bien des années avant
d'être terminé, mais ce projet me sourit.

CIII

26 septembre.

Mes préoccupations, mon travail quotidien, mes
études qui s'élargissent, des visites plus nombreuses,
rien ne m'empêche de rechercher toujours la solitude
et le silence. Là, au lieu de voir comme autrefois,
mon cœur s'affaisser dans une tristesse irrémédiable,
je le sens se fortifier. La contemplation de la nature
ne me plonge plus dans la même mélancolie ; elle me
cause une admiration toujours plus vive et plus pénétrante : elle m'élève et ne m'abat plus.

Maintenant que l'automne a remplacé l'été, que les
bois perdent leur vive verdure, et que les champs
redeviennent déserts, je me plais peut-être plus qu'en
une autre saison à voir ainsi se transformer
l'aspect de nos vallons, parce que cette décadence,
qui a déjà commencé autour de moi, a toujours été
plus en rapport avec la situation habituelle de mon
esprit.

Témoin attentif du départ des oiseaux, de la chute des feuilles, que le vent roule sur l'herbe avec un bruit sec et presque lugubre, je sens que je ne me laisserai plus entraîner à ces orageuses rêveries, qui perdaient mon imagination, et contre lesquelles Dieu m'a fortifié. L'étude des mystères de la nature n'est pas incompatible avec la poésie qu'elle inspire au cœur. Au contraire, cette union de la science et de la poésie me semble la perfection de l'esprit de l'homme.

CIV

28 septembre.

Il y a un an que mon frère Constant me disait naïvement : « Quel dommage que nous ne soyons pas riches ! nous deviendrions savants. Nous vivons sur notre terre sans rien connaître de ce qui est sous nos yeux, ni les noms de ces plantes variées qui croissent partout, ni ceux de ces myriades d'insectes qui marchent, rampent ou volent, dans l'air, sur les fleurs, dans la terre et dans l'eau. Je voudrais savoir comment se sont formées nos vallées, ces rochers, ces cailloux, ce sol que je remue toute la journée. Que de choses dans la nature dont nous ignorons l'origine, le nom, l'histoire, l'utilité ! Nous sommes jeunes, pleins d'ardeur pour l'étude, devrons-nous rester ignorants comme les paysans de notre voisinage, ou bien pourrons-nous apprendre tant de choses que nous ignorons? Pour moi, je voudrais bien m'instruire. »

« C'est aussi mon idée, lui dis-je, et je souffre assez de ne pouvoir rien apprendre. Le pourquoi de bien des choses est souvent mon souci. Si j'avais pu étudier un peu de physique, je ferais mieux mes observations météorologiques, et je pourrais y ajouter quelque chose. D'ailleurs, Dieu n'a pas mis tant de choses sous nos yeux pour que nous les ignorions constamment. Puisque je suis cloué ici à jamais, et qu'il ne m'est pas permis d'aller dans les grandes écoles, je voudrais au moins connaître ce qui est autour de moi, ce qui est là sous ma main, les plantes, les pierres, les animaux, distinguer, déterminer les espèces. »

De notre entretien, nous conclûmes que c'était par la botanique qu'il fallait commencer notre instruction nouvelle. La partie de la *Statistique des Vosges* consacrée à cette science et rédigée par le savant Mougeot, nous avait depuis longtemps donné une idée de l'étude et de la classification des plantes. Mais notre bonne volonté s'arrêtait devant un obstacle infranchissable. Pour commencer l'étude des plantes de notre vallée, il nous fallait évidemment ou un professeur ou des livres faits exprès. Ces livres existent-ils? Trouverons-nous, dans nos montagnes, quelqu'un qui soit assez instruit et assez bon pour pouvoir et vouloir nous servir de guide? Pour moi, qui avais presque toujours vécu sans relations sociales, je ne pouvais répondre à ces questions.

Mais Constant se rappela tout à coup avoir entendu parler de M. Sulpice Perrin, de Cremanvillers, comme d'un savant qui connaissait toutes les plantes du pays, et qui avait une belle collection. « C'est bien le professeur qu'il nous faut, dit-il, adressons-nous à lui. »

Mais pendant huit jours nous délibérâmes pour savoir si mon frère devait se hasarder de but en blanc, comme on dit, à aller consulter un homme qui, outre sa science, est d'une position et d'une condition bien supérieures aux nôtres. Nos scrupules finirent par s'évanouir, et mon frère, en rentrant un jour pour dîner, chargé d'une botte de plantes en fleurs, dit : « J'irai ce soir voir M. Perrin; je lui porterai ces plantes que je viens de recueillir, je lui en demanderai les noms, et, si je vois qu'il me fait bon accueil, je lui dirai ce que nous voulons faire, et qu'il veuille bien nous indiquer la méthode par laquelle on devient botaniste.

« Allez, lui dis-je, et bonne chance! »

Le voilà parti avec sa botte de fleurs. Il y avait, je me le rappelle bien, la lysimaque, la verge d'or, la petite toque, le gnaphale des bois, l'euphraise, la parnassie, la linaire vulgaire et quelques autres fleurs de la saison. M. Perrin accueillit mon frère avec la plus grande bonté, l'encouragea dans son projet d'étudier la végétation du pays, lui donna les noms scientifiques, français et vulgaires des fleurs apportées, lui indiqua comment on herborisait, comment on desséchait les plantes, et lui fit voir son herbier.

Il revint donc tout heureux et me raconta la bienveillante réception qui lui avait été faite et l'encouragement qui nous était donné. M. Perrin lui avait prêté la *Flore de Lorraine*, et en outre promis de lui donner une centaine de plantes étiquetées et préparées pour un herbier. Dans quelle joie nous étions! Quel vaste champ ouvert à une étude pour laquelle nous étions passionnés d'avance!

M. Perrin nous apporta lui-même un ballot de plantes desséchées et étiquetées: il nous donna les notions préliminaires pour herboriser et collectionner. Nous étions tout oreilles, et ses leçons se gravaient ineffaçables dans notre esprit. Mais une difficulté nous arrêta. Notre maître nous avait dit qu'il était impossible d'étudier les plantes sans avoir la *Flore* du pays. Hélas! c'est un livre qui coûte dix francs. Nous ne voulions pas demander d'argent à notre père, et cependant, il fallait arriver à nous procurer ces dix francs indispensables. La nécessité rend industrieux. Nous demandâmes à M. Perrin de nous laisser entre les mains son exemplaire de la *Flore de Lorraine* jusqu'à ce que nous eussions pu faire l'achat de ce volume, ce qui, dans nos élans d'espérance ne pouvait guère tarder ; il y consentit avec la plus aimable obligeance.

Mon frère élevait des lapins et des cochons de mer ; il réussit à vendre sa petite *bergerie* à un assez bon prix ; il avait huit francs. Moi, sur une pièce de broderie que je terminai avec ardeur et dont, comme d'ordinaire, je remettais le prix à mon père, je retins deux francs. Et voilà notre somme trouvée. En échange de deux bonnes poignées de gros sous, nous étions dès le mois de décembre 1859, en possession du livre si ardemment convoité.

Ce n'était pas tout. Il fallait nous procurer du papier à déssécher les plantes, des cartons pour notre herbier et divers accessoires utiles. Au commencement de janvier dernier, j'employai quelques bénéfices que me procura mon nouvel emploi de secrétaire de la mairie et les quelque sous que je prélevais sur mon travail de brodeur, pour satisfaire à tous nos besoins. Nous avons même pu faire confectionner une *boîte de Dilenius* et des cartables.

Ah ! ceux qui sont riches ne savent pas ce qu'il en coûte aux pauvres pour acquérir un peu de science.

Mais aussi, avec quelle ardeur mon frère s'est livré à l'herborisation ! Tous les jours de cette année nous avons trouvé des plantes nouvelles. Nous qui savions à peine démêler quelque chose non seulement dans la plante elle-même, mais encore dans l'infinie variété du monde végétal, nous marchions de surprise en surprise, de jouissance en jouissance. Jamais je n'aurais cru combien le plaisir que procure l'observation des choses est supérieur aux folles rêveries du cœur. Le souvenir de Lilie est passé ; peu à peu à mesure que le printemps étalait son trésor, je sentais une passion noble, puissante, celle de l'étude de la nature m'envahir et prendre la place des songes creux, des illusions dangereuses des années précédentes.

Sois donc encore, ô mon journal, le confident de la révolution qui s'est opérée dans mon esprit.

Ma reconnaissance est à jamais acquise aux bienfaiteurs qui ont ainsi donné un essor nouveau à mon intelligence. Ce bon Constant qui partage mes goûts, qui a toujours été le compagnon de mes travaux, est doublement mon frère. Sans lui, ignoré comme je l'étais de tous ceux qui pouvaient m'être utiles, je n'aurais jamais pu aborder une pareille étude. M. Sulpice Perrin a été mon second bienfaiteur ; si mon journal me survit, puisse-t-il redire à mes futurs lecteurs combien je ressens la grandeur du bienfait que je dois à mon maître de botanique, qui chaque jour encore m'aide à franchir des obstacles considérables !

La plus grande difficulté qui nous arrêta ensuite fut de nous familiariser avec les noms latins de nos plantes. Dans notre ignorance, nous trouvions qu'il était absurde de donner des noms étrangers, barbares ou baroques à ces aimables fleurs si poétiques. Notre professeur eut quelque peine à nous faire comprendre l'utilité d'une langue précise, scientifique, qui ait l'avantage d'être partout la même. Il a insisté pour que nous ne nous attachions qu'aux noms latins d'abord comme étant les seuls qui soient admis dans la science. Nous avons suivi ses bons conseils, et aujourd'hui nous possédons presque en entier dans notre mémoire la *Flore* de la vallée de Cleurie. Encore quelques années, et nous saurons tous les noms latins, français et vulgaires des plantes des montagnes des Vosges. Nous sommes déjà familliers avec les familles principales de la *Flore de la Lorraine*.

C V

29 septembre.

Comme aujourd'hui, déjà un manteau de brouillard sombre voilait la nature jaunie et déserte; le vent faisait entendre ses plaintes, en courbant les cimes déjà nues des grands hêtres; les fleurs s'effeuillaient au jardin, et la dépouille du coudrier jonchait mon banc solitaire.

C'était à pareil jour, il y a trois ans... Notre mère fut mise au cercueil, et pour toujours emportée loin de nous.

Nous étions neuf enfants éplorés autour de ce cercueil, — le plus jeune sur les bras de notre pauvre père, — de ce cercueil qui renfermait ce qui restait, sur la terre, de la meilleure des mères !

Moi seul, je ne pus accompagner à sa dernière demeure une dépouille si chère. Immobile, abattu, je restai au logis, pleurant toutes les larmes de mes yeux ; il me semblait être abandonné du monde entier.

Oh ! qui pourrait comprendre ma douleur ! Infirme, sans appui, sans avenir, je perdais plus qu'une mère ; c'était le trésor de ma vie, mon amour le plus cher.

Aujourd'hui, j'ai placé sur ma fenêtre la marguerite et la pensée dont ma mère forma encore un bouquet la veille de sa mort. J'aurais voulu aller les déposer, pieuse offrande, au pied de l'humble croix qui surmonte le tertre sous lequel elle repose.

> Non, je ne savais pas, je ne dirai jamais
> De quelle âme de fils, ô mère, je t'aimais !
>
> (LAMARTINE.)

CVI

2 octobre.

Encore une page sur mes souvenirs enfantins :

« Vers la mi-septembre, après les regains, on conduisait les vaches dans les prés. Les enfants se réjouissaient beaucoup de cette époque, car c'était du nouveau. C'était la saison des tendues ; on posait des lacets dans les haies, on tendait des sauterelles, le tout amorcé aux graines d'arbousier. De loin en loin, on prenait une grive ou un petit oiseau. Nous ne savions pas alors que c'était être ingrat et cruel de détruire ces chanteurs du primtemps. — On vendait ce gibier et on amassait ainsi quelques sous qu'on se hâtait de serrer dans la petite bourse achetée le jour de la fête patronale au prix de tout son avoir, et qui ne contenait encore rien. C'était une fortune à rendre jaloux les petits frères et sœurs! venait la récolte des fruits. On n'avait pas tous les automnes cette jouissance de voir tomber une grêle de fruits des arbres du verger, quand le père en secouait les branches par un beau jour de soleil. Mais aussi que le plaisir était grand ! On avait du fruit à manger, à grignoter tous les jours : des pommes et des poires cuites aux repas, et, entre les repas, des fruits crus ou cuits à volonté. Les abeilles donnaient leur miel et les mamans en faisaient des tartines qui étaient aussi bonnes que celles de confitures. Le dimanche, les petits frères avec les jeunes tantes, les grandes sœurs et d'autres fillettes, s'en allaient au bois et le long des haies, quand le temps était beau dans l'après-midi ; on cueillait des noisettes parmi les feuilles jaunies, et pendant que les oiseaux passaient par grandes troupes, s'envolant vers les pays chauds. Les jeunes filles abaissaient les rameaux, et les petits garçons grimpaient sur l'arbrisseau et jetaient des fruits dans les tabliers tendus. On riait beaucoup. Un autre jour, on abattait les noix, et c'était la saison d'un nouveau jeu. Partout dans les villages, dans les hameaux, sur les chemins, partout où il y avait des enfants et des noyers, on ne rencontrait le dimanche, en dehors des heures des offices, que des bambins affairés, criant, s'agitant et jouant. Cela durait jusqu'à l'arrivée de la neige. »

CVII

4 octobre.

Une troupe d'hirondelles a passé hier, traversant d'une aile rapide, sous le ciel nébuleux, ces champs de l'air témoins de ses ébats pendant les beaux jours.

Ce matin j'ai vu s'enfuir encore en légères caravanes les chantres ailés de nos bocages, pinsons, fauvettes, rouges-gorges, rubiettes et bruants jaunes. De la cime jaunie des grands hêtres ils ont pris leur essor, et nos regards les ont suivis jusque dans les profondeurs du ciel du Midi.

Qui leur a dit que les beaux jours allaient finir, que l'hiver allait arriver, hérissé de glaçons, soufflant une froidure mortelle pour les pauvres petits oiseaux sans abri et sans nourriture ?

Sans doute, c'est Celui qui les créa, qui leur procure la larve et le vermisseau nécessaires à leur existence, et qui leur donne aussi l'instinct de revenir égayer les mêmes ombrages au retour des brises chaudes et des fleurs.

J'ai fait aujourd'hui une longue promenade à travers les prairies. Je n'ai vu que quelques oiseaux muets et comme errants parmi les débris des hêtres et des charmilles, et quelques fleurs étiolées. J'ai formé pour ma petite sœur un bouquet de *parnassie*, blanche étoile des marécages, de verge d'or et de *liondents*, l'ornement des bois et des prés et le dernier sourire de la végétation.

Mon frère a vu la *veilleuse* (1) frétillant au vent d'automne dans un pré au bas de la vallée.

En voyant les oiseaux s'enfuir et chaque fleur se dessécher, j'ai désiré avoir des ailes aussi pour m'envoler en un climat plus doux jusqu'aux jours où refleuriront, sur ma colline, la blanche sylvie et l'odorante violette.

CVIII

9 octobre.

Je retrouve dans un livre ces vers ébauchés sous les derniers ombrages d'automne, il y a deux ans :

(1) Colchique automnale.

La fleur d'automne a jonché le parterre.
Je n'y vois plus les jaunes liondents ;
Et le pommier sur mon banc solitaire
Laisse effeuiller ses rameaux défaillants.

Sur le grand chêne on entend le ramage
De maints oiseaux, passereaux émigrants.
Du nord accourt la litorne sauvage,
Qui jette au loin sa plainte à tous les vents.

L'hiver bientôt sur ma belle vallée
Aura jeté son blanc et froid linceul ;
Plus de chansons sous la molle feuillée.
Adieu ! mes fleurs ; bientôt je serai seul !

Sous le vieux chêne à la feuille jaunie
J'ai médité sur mes longues douleurs,
Les yeux baissés sur une fleur flétrie,
Plus doucement semblaient couler mes pleurs !...

Et je pleurais réellement alors sur le deuil de la nature et sur moi-même. Mais en automne ma mélancolie était plus douce qu'à toute autre époque de l'année. Je voyais dans toute la nature défaillante et voilée de brumes, des êtres plaintifs comme moi, et je rêvais doucement en contemplant la vallée et en écoutant tomber les feuilles. Je relisais avec délices tous les fragments de poèmes qui peignaient cette douce et triste époque de l'année. Toute mon âme était avec ces poètes aimés, qui avaient si bien rendu ce que je ressentais, qui avaient souffert et pleuré comme moi.

CIX

12 octobre.

Je revenais de Julienrupt. Je m'étais arrêté sur la route, et je priais un passant de me cueillir quelques plantes nouvelles que je venais d'apercevoir et que je voulais étudier.

A quelques pas de nous, une pauvre femme pleurait, insensible à ce qui se passait autour d'elle; son mari, déjà ivre, était entré dans un cabaret, et on l'entendait crier et jurer en buvant de l'eau-de-vie par rasades. L'infortunée, assise près de la porte, versait toutes les larmes de ses yeux, en songeant à ses belles années de jeune fille pendant lesquelles elle vivait dans une aisance relative. Aujourd'hui, — car je la connais, — son petit patrimoine a été englouti avec celui de l'homme immonde auquel elle est unie. Elle a deux petits enfants, et pas le premier sou pour leur acheter et leur confectionner les vêtements que va exiger l'hiver.

Comme j'étais revenu à la maison, je revis ce couple misérable qui passait près de notre porte. L'ivrogne titubant, écumant, tombait, se relevait, et de son gosier rauque lançait lourdement des mots inintelligibles qui ressemblaient plutôt à un râle. Sa pauvre femme le soutenait de son mieux et essayait de le remettre, de l'égayer même par ses douces paroles. Quelle existence pour un homme ! Quel dévouement pour une femme et quel supplice de chaque jour !

Ce spectacle est trop commun, hélas ! dans nos campagnes. Le peuple ne se doute pas que l'eau-de-vie dont il abuse si généralement, est véritablement une eau de mort, je veux dire d'épuisement physique et d'abrutissement intellectuel et moral. J'ai lu, dan l'histoire, qu'à Sparte on enivrait des esclaves appelés Ilotes et qu'on les montrait en cet état à la jeunesse, pour lui inspirer, par le spectacle de cette dégradation, le sentiment de la dignité. Aujourd'hui un grand nombre de nos montagnards répéteraient volontiers le mot de cet ouvrier qui, voyant un camarade ivre louvoyer et gesticuler dans la rue, s'écriait : « Voilà pourtant comme je serai dimanche ! »

C X

16 octobre.

Hier, je suis allé à la foire du Tholy, celle qu'on appelle de Saint-Luc, la dernière des quatre foires qui se tiennent annuellement dans ce village. Je n'avais pas vu de foires depuis mon enfance. Mais c'était plus que la curiosité qui m'attirait ; je voulais en même temps profiter de ce jour-là pour demander au bon vieux curé Michel le complément des récits historiques qu'il m'avait faits, et pour jeter un coup d'œil sur les archives de la commune.

Je partis à huit heures du matin, avec un de mes frères, par une belle matinée d'automne. Le soleil perçait les réseaux diaphanes des vapeurs blanches qui voilaient le ciel à cette saison. L'air était tiède, les feuilles jaunies tombaient lentement, mais les bosquets des collines étaient encore ornés de ce luxe de teintes gracieuses et changeantes qui est la parure des derniers beaux jours. Aussi laissai-je le grison aller à son gré : je voulais me promener et non courir.

La route que nous suivions était couverte de campagnards qui allaient à la foire, descendus des coteaux voisins, ou venus des bords de la Moselotte. Ils portaient des paniers, des cabas, de la filasse, menaient des bestiaux devant eux, ou conduisaient des voitures. Je vis bien des connaissances ; nous fîmes route avec ces bonnes gens, et je me sentais heureux de l'espèce de liberté dont je jouissais.

Une pimpante fillette, assez avenante, passa près de nous, le panier au bras. Je lui offris une place sur ma voiture, elle me répondit en riant qu'elle avait de bonnes jambes et qu'elle irait plus vite que moi. Je ne sus comment prendre ce refus, mais il me remit en mémoire un beau et fringant maître d'école, à qui j'offris un jour complaisamment une place et qui me répondit que, vu son mal de pied, il accepterait volontiers, mais que je n'avais pas une assez belle calèche.

Nous étions au bas du Tholy. Je fis arrêter Coco pour admirer la situation de ce village, dont les quelques maisons groupées sont comme accrochées au flanc abrupte de la montagne et à moitié cachées dans la verdure des bosquets et des vergers, et dont l'église rustique domine le paysage.

En montant la longue rampe qui mène sur la place du Tholy, je racontais à mon frère et à un jeune homme de Julienrupt, qui était venu nous rejoindre, ce que j'avais déjà appris sur l'histoire de ce pays, et nous arrivions contre l'église, quand Coco, qui s'impatientait sans doute, partit tout à coup à travers la foule dans l'unique rue du village, éclaboussant, bousculant bêtes et gens, comme s'il conduisait un prince en un carrosse doré. Point d'accident grave heureusement. Le drôle avait sans doute flairé une auberge et un bon picotin, car il s'arrêta sous une enseigne triomphante qui se détachait au soleil sur un mur voisin. Je fis donner sa ration au grison dans un coin de l'écurie, et pendant que mon frère allait visiter la foire, je m'attablai près de la fenêtre dans la salle principale du cabaret avec notre camarade de Julienrupt.

J'avais sous les yeux le spectacle le plus curieux, dans cette foule compacte d'acheteurs et de vendeurs, de boutiques en plein vent, de charlatans, dans tous ces bruits étranges qui s'élevaient du champ de foire, où mugissements, bêlements, grognements, se mêlaient aux voix humaines, aux débats d'argent, aux rires, aux racontages, aux hurlements des clarinettes et des cornes, aux assourdissements du tam-tam, du tambour ; c'était un charivari dont personne ne s'apercevait peut-être que moi. Je trouvais amplement matière à m'ébahir et à étudier.

A peine commencions-nous à vider le premier verre de la bouteille que nous avions demandée avec une *chalande*, — sorte de pâtisserie spéciale au Tholy, —, que l'affluence des buveurs d'eau-de-vie envahit la salle. En un instant, elle fut remplie de la fumée épaisse des pipes et d'un brouhaha patois indescriptible. Un gros vieux, laid, grossier et criard, s'était placé à côté de moi pour boire sa *deméyotte*, — mesure d'eau-de-vie en usage au Tholy. — A mesure qu'il lui arrivait des camarades, il me forçait, en se serrant contre moi, pour ne pas dire en me poussant, de lui céder de la place sur le banc où j'étais : *Serre le don*, disait-il, *t'voû bé qué j'nâ pouè d'pièce* (1). Et je reculais toujours, ne voulant pas entreprendre, moi chétif, une discussion avec ce rude gaillard. A la fin, comme il ne me restait que quelques pouces de siège, je me hasardai à lui dire que je ne pouvais aller plus loin. *E bè ! sé t'né pouè d'pièce po t'ehhàre su lo ban, chheuye-te me to leuye* (2).

(1) Serre-toi donc, tu vois bien que je n'ai pas de place.

(2) Eh bien ! si tu n'as pas de place pour t'asseoir sur le banc, assieds-toi sur le plancher.

C'était trop de grossièreté. Je lui fis observer que j'avais le même droit que lui à rester assis, vu que je payais ma consommation et que de plus j'étais le premier occupant. Il allait peut-être riposter par un coup de coude qui eût suffi pour m'étendre sur le plancher, quand mon compagnon prit la parole : « Vous ne connaissez sans doute pas monsieur, lui dit-il en me montrant, car vous seriez plus poli ; c'est le greffier de votre commune. » O magie d'un mot ! Mon bourru se retourne et me fait place, mais place pour trois au grand large, et me débite force excuses, disant qu'il ne m'avait pas reconnu. Apparemment qu'il n'use de politesse qu'avec des connaissances de peur d'en trop dépenser.

J'étouffais dans cette atmosphère, saturée d'odeurs nauséabondes d'eau-de-vie, de tabac et de bière, au milieu de gens parlant haut, criant et jurant. Il faut avoir des goûts bien singuliers pour fréquenter le cabaret ; pour moi, j'y trouverais la mort rien qu'à en respirer l'air.

Ce qui augmenta mon ennui, c'est que, en arrivant à la maison de cure, j'appris que le curé Michel venait de sortir pour aller voir un malade. A la mairie, l'instituteur, qui est en même temps greffier, ne pouvait, un jour de foire, me montrer les archives.

Mon frère, qui m'avait rejoint, et qui m'avait conduit avec la voiture à ces diverses stations, trouva des connaissances, et je lui dis que j'allais partir sans lui, que je l'attendrais à Julienrupt, et je repris seul le chemin de la maison. Il était un peu plus de midi.

Au-dessous de Tholy, mon âne se mit au grand trot. Il se ralentissait dans la plaine quand un jeune monsieur qui me parut être un écolier en vacances, se mit à nous crier d'un air goguenard : « Bonjour, vous deux ! » Je n'eus pas le temps de répondre, car Coco reprit sa course ; et d'ailleurs, j'étais, ma foi, trop stupéfait qu'on me prît de prime abord pour un âne. Celui-là sans doute m'aurait encore salué différemment, s'il eût su que j'étais greffier — Oh ! les fonctions et les beaux équipages, comme cela fait bien considérer l'homme !

Pendant le reste du chemin, en songeant aux accidents et aventures que m'avait déjà valus mon âne, je rimaillai une chanson que je faisais répéter gaillardement aux échos des Xervonnes, avant d'arriver à Julienrupt. Peu m'importait la pauvreté des rimes.

CXI

17 octobre.

MA BOURRIQUE

Ma bourrique, bonne bête,
Qui va donnant du talon,
Trop souvent se met en tête
De marcher à sa façon.

J'ai beau frapper sur l'échine,
Crier, lui battre le flanc ;
A son gré Coco chemine
D'un pas vite ou d'un pas lent.

Allons, ma bourrique, allons,
Jusque là-bas trottinons.
Nous aurons à la maison
De l'avoine avec du son.

Je trouve une demoiselle
Qui suivait le grand chemin.
Je lui dis : Montez, la belle ;
Mon âne va fort grand train.
Nenni, répond la fillette ;
Je ne puis perdre mon temps.
J'irai mieux que la grisette :
J'ai mes jambes de vingt ans.

Allons, ma bourrique, etc.

Un beau monsieur me salue
En disant : « Bonjour vous deux. »
L'âne, sans attendre *hue !*
Prit le galop, tout heureux.
Moi, pour passer ma colère,
Et pour oublier l'affront,
Je chantais d'une voix claire,
Sur cet *air du Mirliton :*

Allons, ma bourrique, etc.

L'autre jour dans notre plaine,
Je fis rencontre, ô bonheur !
De la blonde Madeleine,
Dont jadis rêva mon cœur.
Près de moi, sur la banquette,
Elle prit place un moment.
Et je dis à ma grisette :
« Va, petite, doucement. »

Allons, ma bourrique, etc.

Mais ce n'est point par l'oreille
Que lui vient le sentiment ;
Elle crut faire à merveille
De galoper rondement.
J'arrête enfin la perverse ;
Rien ne fait ni cris, ni coups,
Et la drôlesse nous verse
Sur un gazon des plus doux.

Allons, ma bourrique, etc.

CXII

20 octobre.

A l'heure du crépuscule, quand les formes des objets commencent à s'effacer dans la demi-obscurité qui s'étend sur la plaine, quand le sommet de la colline n'est plus éclairé que par une lumière qui s'éteint par degrés, comme la lueur d'une lampe mourante, j'aime à venir respirer la brise du soir, à l'entendre gémir dans les rameaux qui s'effeuillent. Toutes les teintes éclatantes ou adoucies du jaune et du pourpre colorent nos bois et nos haies, et contrastent avec le feuillage sombre des sapins. Les arbres montrent déjà leurs grands bras nus. Il n'est plus de doux parfums ni de chants d'oiseaux, et pourtant j'aime ces aspects sauvages et presque désolés.

La nature dans sa tristesse et dans sa décadence me pénètre légèrement de son deuil à demi voilé, et il me semble que, quand les prairies et les forêts brillaient d'une exubérante jeunesse, j'avais moins de plaisir à la contempler. La gaieté du printemps m'attristait par le retour que je faisais sur moi-même. La mélancolie de l'automne ne me cause pas, cette année, les impressions que j'en recevais naguère. Je songe en poète, en philosophe, non plus en désespéré.

La feuille qui vient en tournoyant tomber à mes pieds me parle de la jeunesse, de la beauté que le temps flétrit si vite, et je dis avec le poète :

De ta tige détachée,
Pauvre feuille desséchée,
Où vas-tu ? — Je n'en sais rien.
L'orage a brisé le chêne
Qui seul était mon soutien.
De son inconstante haleine,
Le zéphir ou l'aquilon
Depuis ce temps me promène
De la forêt à la plaine,
De la montagne au vallon.
Je vais où le vent me mène,
Sans me plaindre ou m'effrayer ;
Je vais où va toute chose,
Où va la feuille de rose,
Et la feuille de laurier.

ARNAULD.

Parfois mon souvenir se reporte à un autre automne, où je faisais mes délices du poète Delille, dont j'avais appris de mémoire de longs passages, où chaque bruit, chaque voix de la nature n'était pour moi que mystère, amour et harmonie, et où, à cette même place que j'occupe, je venais, comme mon poète préféré d'alors,

Mêler mon deuil au deuil de la nature.

voir se lever l'étoile du soir et la lune au front si doux, qui toutes deux remplissaient mon âme de poésie et de sentiments ineffables, qu'exaltait encore un amour naissant et naïf.

Aujourd'hui, mes regards se tournent souvent avec plus de complaisance vers l'avenir que vers le passé. J'ai comme la vague espérance de ne plus être désormais isolé dans le monde. Le peu que j'acquiers chaque jour fortifie mon courage ; et si, par moments, les sombres pensées reviennent et que je ne puisse les chasser, elles n'ont plus la puissance de m'abattre.

Oh ! je le sens, les tristesses de cet automne ne sont plus en moi les mêmes. Je sais que cette nature qui meurt renaîtra vive et belle, apportant aux hommes la joie et l'espoir de l'abondance. Je crois de même que, si mon cœur s'est affaissé, s'est presque éteint dans le désespoir, les tortures morales que j'ai endurées et le malheur régénéreront tout mon être. Dieu, qui voit le fond de mon cœur et l'anime, me soutient par le pressentiment de jours meilleurs sur cette terre.

CXIII

24 octobre.

Un beau soleil illumine aujourd'hui le ciel et la terre. L'air est calme et doux. Les tons les plus divers ont revêtu les haies, les arbres, dont les feuilles continuent à joncher les sentiers et les verts gazons. J'admire cette majesté mourante de la nature, et, tout en poursuivant quelque insecte caché sous l'herbe, je jouis avec bonheur des derniers beaux jours, du dernier peut-être.

CXIV

26 octobre.

Quand nous étions petits, mes frères et moi, avant 1850, voici quelles étaient nos préoccupations à l'époque de l'année où nous sommes.

Alors que les prés fauves et dépouillés recevaient les tourbillons de feuilles jaunies qui descendaient des grands hêtres et des bouleaux échevelés, que la gelée blanche flétrissait les dernières fleurs de la saison, on remettait les vaches à l'étable pour six mois. Les enfants se réjouissaient autant de voir revenir la stabulation, qu'au printemps en voyant la saison pastorale. En allant au catéchisme, le dimanche, ils avaient avec leurs camarades des conversations bien intéressantes : ils se demandaient où ils iraient à l'école, et ils parlaient des maîtres des hivers précédents. Souvent les grands garçons des villages, qui parlaient français et allaient à la *grande école* (1), considéraient avec un profond dédain les enfants des montagnes qui, comme nous, ne pouvaient s'exprimer qu'en patois et regardaient avec de grands yeux étonnés les cartes géographiques, les tableaux des poids et mesures métriques suspendus aux murs de la salle d'école ; il y avait aussi dans cette salle de grands tableaux noirs, où des problèmes difficiles étaient écrits à la craie avec les chiffres des opérations au-dessous, et laissés, comme tout exprès, pour faire voir, le dimanche, aux montagnards, combien le maître d'école et ses élèves étaient savants. On parlait de toutes ces choses en revenant des instructions du catéchisme, mais sans penser combien les parents avaient de peine, chaque automne, à établir en commun une école privée.

Enfin, sans que les enfants s'en occupassent le moins du monde, il se trouvait qu'au commencement de novembre, une école était ouverte chez un des cultivateurs de la localité. Ce cultivateur louait un maître, fournissait le local et le mobilier indispen-

(1) On appelait *grandes écoles* les écoles primaires des villages paroissiaux, pour les distinguer des écoles privées des hameaux.

X. Th.

sable de l'école, et percevait pour chaque élève une rétribution qui était presque toujours de cinq francs pour le temps scolaire, de la Toussaint à Pâques.

Le maître d'école devait, pour être admis à instruire les enfants, savoir lire, écrire et *chiffrer* jusqu'aux règles d'intérêt. On tenait beaucoup à *la chiffre* (le mot arithmétique n'était pas connu des paysans) ; mais on s'occupait peu de la grammaire, et comme dans le temps où les vieux de notre époque allaient à l'école, on préférait la belle écriture à l'orthographe.

Or, dès la veille du jour de l'ouverture de l'école, chaque élève retirait de la huche, où ils avaient dormi toute l'année, la *Bible*, le *Demi-psautier*, la *Grammaire* de Lhomond, les manuscrits, — c'étaient ordinairement de vieux contrats hérités du grand-père, — et les cahiers de *chiffre* et d'écriture commencés à la fin du précédent hiver. On faisait de nouveaux cahiers pour remplacer ceux qui manquaient et on les habillait d'une belle couverture en papier peint. On taillait des plumes; car les plumes métalliques n'étaient pas encore connues ; on préparait les règles, les crayons, l'encre et le sable, que les carrières du voisinage fournissaient. Le tout était arrangé dans le coffre portatif que chaque élève avait, et tout était prêt pour le lendemain.

C'étaient presque toujours les mères qui conduisaient leurs enfants à l'école. On les laissait rarement y aller seuls le premier jour, car il fallait bien faire connaissance avec le maître, et lui recommander les enfants. Il y en avait pour une heure avant que chaque maman eût présenté ses enfants et eût dit au maître leurs qualités. En résumé, ils étaient (d'après les mamans) délicats, aimables, pas trop turbulents ; il fallait leur apprendre à lire, afin qu'ils pussent étudier le catéchisme, bien les soigner, ne pas les maltraiter, car on n'en faisait rien en les grondant, surtout ne pas les battre, avoir soin de les sécher quand ils arriveraient mouillés, faire du feu de manière à les empêcher d'avoir froid, etc.

Une fois que toutes les mamans étaient parties, on commençait l'école par la prière du matin, comme cela s'est fait de tout temps.

Beaucoup de magisters de ce temps ne suivaient pas l'avis des parents, et surtout se donnaient, pour former la jeunesse, plus d'autorité que les mères et les enfants n'auraient voulu. Il y en avait qui, à la moindre faute, donnaient sur les doigts avec une longue règle bien carrée ; qui, pour les fautes plus graves, mettaient en pénitence, à genoux sur une bûche triangulaire, et les bras en croix avec un gros livre à chaque main. Jamais ces corrections de l'ancien régime n'ont réussi qu'à exaspérer les enfants, qu'à les rendre haineux, méchants, ignorants et vindicatifs.

Mais de pareils instituteurs étaient heureusement une exception. Tous avaient bien une longue baguette comme une perche de ligne, mais ils ne s'en servaient que dans les grandes occasions. Il y avait même des maîtres d'école qui ne punissaient jamais. Alors on pouvait causer à l'école et s'y amuser. Les petits gar-

çons fabriquaient des seringues et des pétards de su-
reau, et les petites filles cousaient des poupées. Ces
maîtres, on l'a bien vu depuis, quand on a été grand,
ne valaient pas encore ceux qui étaient sévères.

Tels étaient les maîtres d'école que j'ai vus dans
les quelques mois où j'ai pu fréquenter leurs classes.
J'ai, pour ces braves maîtres, peu instruits, imbus de
préjugés routiniers au point de vue de l'art d'enseigner, mais pleins de zèle, une profonde reconnaissance. C'est à un rustique pédagogue, portant des
sabots remplis de paille et un gros bonnet de laine, et
qui ne parlait guère que notre patois, que je dois
d'avoir appris à lire et à écrire le français!

CXV

1er novembre, au soir.

Les ombres du soir s'épandent dans la plaine. Le
ciel est sombre. De tous côtés, des brouillards légers
flottent, volant comme des fantômes blancs sur les
collines dépouillées. Assis sur le banc de l'ermitage,
au milieu des feuilles mortes et des fleurs flétries, je
sens mes yeux s'humecter de pleurs.

C'est que les seuls bruits qui viennent à mon
oreille ne me parlent que de tristesse. C'est l'harmonie lugubre, vague, indéfinie des cloches qui s'é-
branlent dans le lointain et qui semblent pleurer sur
ceux qui ne sont plus; voix vibrantes et plaintives

d'outre-tombe qui, ce soir, retentissent dans le monde chrétien pour lui rappeler la brièveté de la vie présente, les expiations de la vie future, et lui demander une prière pour ceux qu'on a aimés et qui nous ont précédés dans l'éternité.

C'est le souvenir d'une mère bien-aimée, dont je crois voir l'ombre errante dans ces colonnes de nuages qui s'élèvent à l'horizon, dont je crois entendre la voix dans la plainte de l'airain, dans la feuille qui tombe du taillis solitaire.

Le jour n'est plus, et aucune étoile ne vient briller au ciel. C'est demain le jour des Morts, et la nature, comme l'Église, a vêtu sa robe de deuil.

O religion sainte! asile du calme, du vrai bonheur et de la vérité! de quelles consolations tu sais remplir l'âme de celui qui t'invoque et médite tes mystères et ta doctrine! Aujourd'hui, l'Église a fêté les chœurs des saints. Demain, et dès ce soir déjà, elle s'attriste; et, tout en pleurs, mais pleine d'espoir, elle prie pour la félicité de ceux qui ne sont plus. Oui, tu consoles et tu fortifies l'homme brisé par les épreuves de ce monde en lui montrant, par delà les sphères radieuses, le séjour éclatant de l'éternelle béatitude.

CXVI

7 novembre.

O doux ombrages de mon berceau solitaire! Fleurs

élégantes et parfumées! Vous, qui tant de fois depuis les premiers jours du printemps, avez été témoins de tous les délires de ma tête et de mon cœur, de mes plaintes et de mes désespoirs contenus, aussi bien que de mes espérances, qu'êtes-vous devenues? L'aquilon, qui souffle la glace et les frimas, a dispersé au loin vos feuilles sans sève et couché sur le sol vos corolles brillantes au pâle soleil d'automne.

Je ne viendrai plus, au retour de l'aurore, compter vos boutons frais éclos, tout scintillants de rosée, respirer votre parfum, ni, près de vous, le soir, admirer les derniers rayons du soleil sur la montagne, soupirer avec la brise qui vous balançait et, en courbant vos têtes, fermait, comme pour le sommeil, vos calices embaumés.

Je quitte pour longtemps ce banc que vous enveloppiez de vos gracieux festons. Aujourd'hui, vos débris épars jonchent la place que j'occupais. Je vais au coin du feu, à l'abri de l'âpre bise glacée, attendre le retour d'un autre printemps, qui vous fera renaître plus brillantes, comme d'un tombeau.

Je n'aurai plus pour me distraire qu'une campagne déserte, flétrie et recouverte du linceul des frimas.

Adieu donc, fleurs et verdure, beau soleil, doux ombrages, nature vivante et variée! Du nord lointain l'hiver arrive. A son approche, tout ce qui vit disparaît, se cache, s'enfuit. Heureux encore ceux qui, comme moi, trouveront un abri sûr!

CXVII

16 novembre.

Il y a quelques jours, un pauvre manœuvre de notre commune est venu me trouver, pour que nous fixions le jour de son mariage à la mairie avec une fille que tout le monde connaît près d'ici, et qu'on aurait bien parié ne jamais voir à pareille cérémonie pour son propre compte. Bossue, tordue, rabougrie, laide à faire peur, tel est le portrait de la future, et elle n'a pour toute fortune qu'une couple de robes, une pour le dimanche, l'autre pour la semaine. Quant à lui, son avoir consiste en une bonne santé, un seul œil médiocrement bon, quelques hardes, deux chèvres, un petit mobilier, et un enfant, né d'un premier mariage.

Le brave homme m'apportait les pièces nécessaires à la rédaction de l'acte, afin que je visse si rien n'y manquait. Il était radieux. Les actes, faits sur papier libre, ne lui avaient rien coûté dans les communes où ils sont nés, lui et sa future, et il voyait approcher avec joie le jour de son union avec sa *belle* Marie-Jeanne. Mais toutes les difficultés n'étaient pas levées. Je lui fis observer que les actes qu'il me présentait devaient être légalisés au tribunal civil de l'arrondissement et que, puisque le mariage devait se faire le lendemain, il n'y avait pas de temps à perdre. Il se mit immédiatement en route pour Remi-remont. La pluie tombait à torrents : le pauvre homme n'avait qu'un mauvais parapluie et il était en sabots. Qu'importe? L'amour et la nécessité font passer sur bien des choses.

Le soir, à la nuit, il est revenu, exténué de fatigue, trempé jusqu'aux os et n'ayant rien mangé depuis le matin. Il était triste, et certes, sa position n'était pas riante.

Il avait dans son gousset vingt-cinq sous, toute sa fortune pécuniaire, quand il était parti pour Remi-remont. Chemin faisant, il se disait qu'il achèterait quelques livres de riz pour le festin de sa noce, puisqu'il n'avait pas de quoi faire un meilleur repas. Il se trouvait heureux et se réjouissait de manger son plat de riz, blanchi au lait de chèvre avec sa petite femme Marie-Jeanne, qui n'avait peut-être jamais approché de ses lèvres un mets aussi délicat.

Avant de faire son emplette, toutefois, il est allé au greffe du tribunal faire viser ses pièces, et là on lui a demandé vingt-cinq sous pour la peine de poser une griffe sur cinq feuilles de papier. Baissant la tête, et le cœur tout serré, il a donné sans répliquer ce qui représentait non seulement son festin de noce, mais aussi son strict nécessaire, car on ne peut vivre uniquement d'amour et du vent qui passe, le jour du mariage.

Il était donc revenu de Remiremont à jeun et sans riz. Nous avons vivement blâmé avec lui l'employé du tribunal qui l'avait ainsi dépouillé, le sachant indigent, et nous avons fait souper avec nous le futur époux désappointé.

Il nous dit qu'il se tirerait tout de même du mauvais pas où il était. « J'ai acheté, raconta-t-il, une boîte de *pteu* (1), et j'ai des pommes de terre, nous nous en régalerons après la messe de notre mariage. Marie-Jeanne aime bien cela. Nous aurions fait de la soupe, mais il faudrait aussi du beurre ; nous nous en passerons. »

Des gens charitable ont fourni du pain, du beurre, et quelques plats accessoires au couple indigent, qui n'a mangé le *pteu* qu'au dessert. Mais dans l'avenir auront-ils toujours ce dessert pour nourriture principale ? On pourrait en douter.

Et cependant l'inconduite n'est pour rien dans cette extrême indigence. Je sais l'histoire de cet homme. Il a beaucoup travaillé, beaucoup économisé ; mais il a subi des pertes, il a eu des maladies. Né pauvre, il est resté pauvre, et ce n'est pas sa femme qui pourra l'aider à sortir de sa misère.

Ah ! celui-là, qui lui a fait payer vingt-cinq sous une simple signature, ne se doutait pas qu'il exigeait

---

(1) Le *pteu* (*ptô* à Saint-Amé, *ptèye* à Gérardmer) est du fromage que les vers ont labouré et mis en morceaux et que les marchands jettent dans les tonneaux. Les vers sortent, et le fromage ayant subi une fermentation, devient très piquant. Les pauvres gens en achètent par boîtes pour assaisonner les pommes de terre en robe de chambre ou l'étendre sur leur pain.

L. J.

d'un homme toute sa fortune, ou il n'a jamais su ce que c'est que la pauvreté et le besoin.

CXVIII

20 novembre.

La neige descend silencieusement d'un ciel gris, bas et sombre. Entrelaçant ses flocons épais, elle tombe droit, pressée, avec cet aspect de plumes de colombes qui contraste si bien avec le deuil de la nature entière. La voilà qui s'étend mince, impalpable d'abord, puis abondante, épaisse, croissant à vue d'œil, comme une marée montante. Elle couvre au loin les montagnes, les collines, les vallées. La route boueuse, les sentiers pierreux, les rochers, les landes agrestes, les prairies, les champs et les forêts, tout s'efface, tout disparaît. La robe blanche de l'hiver enveloppe la nature...

Un brouillard givreux a rempli ensuite la distance qui séparait la terre des nuages. Les grands arbres, les haies, les buissons se sont habillés de girandoles brillantes. Plus de verdure en aucun lieu ; les dernières feuilles vertes de la ronce et du lierre se cachent sous le voile blanc qui les enveloppe. Si je lève les yeux vers l'horizon, alors que la neige ne tombe plus, une teinte générale, terne et plombée me glace le cœur. Tout ce qui n'est pas blanc est

gris, noir ou brun. On dirait que des teintes de
rouille maculent la gigantesque robe des frimas.
Partout la brume bleuâtre ou le brouillard voilant à
demi les sapins du sommet des montagnes, les hêtres des taillis et les bouleaux échevelés du bord des
ruisseaux.

Voici la demeure du laboureur: le toit de bardeaux noirci par les pluies se cache sous la neige;
les touffes de joubarbe de la cheminée, jadis vertes,
sont devenues d'un rouge sanglant. Le vent se tait,
mais le froid est âpre. On n'entend dans la vallée
d'autre bruit que la grande voix du torrent, qui
murmurait si doucement en été, et qui semble mugir
maintenant dans son lit de cailloux, entre ses rives
glacées. Même dans la demeure de l'homme le mou_
vement a cessé. Les vaches et les chèvres ruminent à
l'étable; les poules sont restées au perchoir; seule
une légère colonne de fumée monte de la vaste cheminée, et va rejoindre les brumes qui courent sous
le ciel, indiquant que dans la maison fermée et
calfeutrée une famille travaille près du foyer. C'est
l'hiver.

C'est l'hiver avec sa beauté sauvage; l'hiver, saison de repos pour le laboureur, pour celui qui possède un foyer et de quoi l'alimenter, et dont les récoltes ont payé la sueur; mais, saison bien longue,
bien pénible pour le pauvre sans abri, sans feu et
sans pain ! Oh ! si les riches savaient combien il est
doux de sécher des pleurs, de vêtir ceux qui sont

s, de nourrir ceux qui ont faim, de consoler ceux
i souffrent, il n'y en aurait pas un seul qui ne
donnerait ce plaisir de la sainte charité, le plus
ux, le plus méritoire que je connaisse.

CXIX

21 novembre.

J'éprouve une sorte de bonheur à me comparer à
oi même. Si j'en appelle à mes souvenirs ou si je
nsulte les notes que je tiens depuis plusieurs an-
es sur les événements de ma vie ou sur mes propres
ntiments, je ne puis que m'affermir, malgré quel-
es rechutes, dans ma résolution de braver un mal
réparable et de me croire l'égal de ceux au milieu
squels je vis. Je reconnais que c'est là le moyen le
us naturel de sortir de mes perpétuels embarras.
C'est ainsi qu'avant-hier, je n'ai pas craint d'aller,
 milieu d'une excellente famille de paysans, me
êler aux plaisirs d'une veillée délicieuse qui dura jus-
'à deux heures du matin. J'ai eu, dans cette ferme
s hauts lieux, une idée de la vie du peuple des
ontagnes, de ses mœurs, de ses plaisirs, de ses
nses et de ses chants. Il y avait de la poésie dans
tte chaumière, transformée en salle de fête. Je son-
ais à l'âge primitif des peuples pasteurs. J'étais
vi, transporté.

La demoiselle du logis, fort belle fille de vingt ans, robuste, éveillée et rieuse, avait organisé une veillée chantante et dansante. Deux de ses cousins, venus de fort loin, et une cousine y brillèrent surtout, l'un parce qu'il jouait de la clarinette d'une manière remarquable, et tous trois parce qu'ils chantaient comme des acteurs de théâtre. Il était venu des environs une vingtaine de jeunes gens et sept ou huit filles ou femmes.

Dans cette réunion où régnaient l'entrain et la gaieté, pas un jurement, pas une parole à double sens qui pût blesser l'honnêteté, pas de bruit autre que celui des sabots des danseurs sur le plancher du poêle. Huit groupes dansaient la valse dans un si petit emplacement qu'on aurait dit qu'ils étaient mus par des engrenages, tant les couples se touchaient et tournaient sans se heurter ; des quadrilles étaient ensuite parfaitement exécutés.

Puis notre jeune hôtesse faisait asseoir ses invités, et on chantait : romances des aïeux, complaintes et légendes séculaires, chansons et chansonnettes plus modernes, tout fut dit aux applaudissements du parterre. Plusieurs de ces vieux chants m'ont intéressé, et des chansons en patois de Rupt m'ont frappé par leur comique et par la manière dont les chanteurs exécutaient la pantomime burlesque des personnages mis en jeu. Les cousins firent particulièrement les honneurs de cette soirée, qui était, me dit-on le lendemain, le type de la *lourre* des paysans de ces hauteurs.

Dans notre vallée de Cleurie, on ne voit plus guère de pareille veillée. La *grande lourre* dont me parlait ma mère n'existe plus que de loin en loin ; il y a moins de danses, moins de chansons et plus de jeux équivoques, qui touchent à l'immoralité ; aussi les gens bien élevés dédaignent de se trouver dans ces réunions nocturnes.

C'est dans une de ces réunions que j'allai il y a quatre ou cinq ans ; on m'y avait poussé pour me distraire. Les impressions que j'ai conservées de cette soirée me servent à comprendre le pas que j'ai fait dans la volonté de dompter les mauvaises tendances de mon esprit. Avant-hier, je fournis aussi ma part aux plaisirs et n'en fus pas le témoin impassible. Autrefois je pleurais devant le bonheur des autres et j'écrivais :

C'était un soir d'hiver dans la voisine grange,
On jouait bien des jeux.
J'avais vingt ans alors ; — on me trouvait étrange
De n'être pas heureux.

A la pâle lueur de la lampe fumeuse
Les jeunes gens dansaient,
Et les bruyants éclats de la troupe rieuse
Au loin retentissaient.

Et moi, je maudissais à l'écart et dans l'ombre
Leur élan si joyeux.
Gai ! gai ! répétaient-ils, et mon cœur était sombre
Comme un ciel orageux.

Filles, garçons, chantez, vous avez l'espérance,
Le présent vous sourit,
Et vous ignorez tous la secrète souffrance
Dont mon cœur se flétrit.

Courez, le front ardent, vers les plus belles choses,
Rêvez-y chaque jour.
Allons, gai ! vos printemps sont couronnés de roses,
Des roses de l'amour.

Pendant que je songeais, que la champêtre ronde
Animait tous les cœurs,
Personne ne me vit, d'une angoisse profonde,
Essuyer quelques pleurs.

On partit vers minuit, au rayon de la lune,
En chantant un refrain.
Des filles du vallon il n'en restait pas une
Pour suivre mon chemin.

Ces tristesses amères sont loin de moi. C'est avec les regards d'un homme que je veux connaître du monde ce qu'il me sera permis d'en voir. C'est avec un cœur mûri par la souffrance que je veux arriver à trouver une sorte de calme, de bonheur même dans l'adversité et à me réjouir de la joie d'autrui.

CXX

28 novembre.

Enfermé comme je le suis maintenant toute la journée dans le poêle, j'aime à me rappeler, en voyant par ma fenêtre le manteau glacé de l'hiver s'étendre sur nos collines, les douces promenades que je faisais encore, il y a quelques semaines, par les dernières journées encore tièdes de la saison. Nonchalamment couché sur un tapis d'agrostides desséchées, de mousse, de tourmentille et de piloselle, au sommet de mon coteau, près des sapins toujours verts, je philosophais seul, en regardant la terre dépouillée et le ciel pâli, sous lequel fuyaient vers le nord des nuages de brumes.

Je songeais, et j'y songe encore souvent, à ce que les hommes sont convenus d'appeler le bonheur.

Il y a quelques années, alors que je n'avais aucune connaissance de la société, je me disais que le bonheur était la liberté, la santé, la richesse. Je me croyais seul déshérité de ce bien suprême, vers lequel tendent tous les efforts des hommes. Je croyais voir partout des heureux, et je ne trouvais dans mon propre avenir que l'isolement ; point d'amis, point de considération, point d'indépendance ni de fortune, aucun bien-être. Et des pleurs bien amers coulaient de mes yeux à la fin de ces tristes rêves. Maintenant, quoique mon sort soit toujours le même, quoique paralysé, solitaire, sans espoir d'acquérir même l'aisance la plus modeste, je pense différemment et ne voudrais pas changer ma position contre celle de beaucoup de mes voisins qui me regardent comme le plus malheureux des hommes.

Quels tableaux m'ont présentés mes relations avec le monde ! J'ai vu l'enfance rieuse se faire des joies et des bonheurs de tout, et s'attrister d'un rien. Elle s'ignore, il est vrai, et elle ignore tout : cette innocence est-elle l'état parfait ?

J'ai vu la jeunesse entrer dans la vie, forte, ardente, joyeuse, folâtre, pleine d'espérance ; elle me semblait heureuse. Beaucoup de ces jeunes gens, dont j'enviais le sort, je les vois sombres, soucieux, pâles, amaigris, souvent plus que négligés dans leur tenue. Pour un certain nombre, l'amour n'a été qu'un rêve ; la misère, le désenchantement, les soucis matériels de la vie l'ont remplacé, et adieu pour jamais au bonheur qu'ils avaient espéré. D'autres qui ont une femme accomplie, de beaux enfants, ou qui jouissent de l'aisance, ne semblent pas moins rongés d'une inquiétude intérieure ; l'intérêt, l'avarice ont déjà envahi leur cœur ; pour eux, tout se résume en pertes ou en bénéfices matériels. Le calcul est leur unique étude : le reste leur est indifférent.

Chez le plus grand nombre des hommes faits, des hommes mûrs, je ne vois rien de ce qui pourrait faire mon bonheur. L'égoïsme, la défiance, la soif d'amasser, l'incrédulité, l'ironie, l'amour de la table ; tous ces vices qu'on rencontre plus généralement dans les hommes qui marchent vers la vieillesse, sont plus ou moins accusés chez eux. Ils se plaignent de tout, de leurs femmes, de leurs enfants, de leurs affaires, du manœuvre et du riche, comme si chacun se mettait sur leur passage dans la poursuite de je ne sais quel fantôme qui leur donnerait toutes les satisfactions.

Les heureux de la fortune, les riches ne possèdent pas tous, comme je le croyais dans ma naïveté, ce bonheur qui nous fuit sur cette terre, parce que les uns n'usent pas de leurs richesses, et que les autres en abusent.

Nul en ce monde n'est content; chacun avoue avoir en vain poursuivi le bonheur. C'est la preuve la plus évidente, à mes yeux, de la grandeur de nos destinées futures. Mais on se fait des idées fausses sur le bonheur relatif en ce monde. On semble croire que c'est une grosse chose compacte, qu'on trouve tout d'une pièce, une mine d'or incommensurable, un diamant gigantesque. Moi-même, j'ai été longtemps dans cette erreur; je croyais à un bonheur absolu. Mais je ne jugeais que sur l'apparence; les infortunes des autres, comme les miennes propres, m'ont appris que, sur cette pauvre terre, ce qu'on appelle le bonheur est une sorte de mosaïque de petites pierres précieuses, dont aucune n'a souvent de valeur réelle que pour soi et n'en a pas pour la plupart des autres. Rien de ce qui tourmente l'âme sans l'élever ou sans l'épurer ne peut y être compris.

Pour moi, les bonheurs de ma vie, je ne les ai pas cherchés; ils sont venus, pour ainsi dire, me trouver; ils ont poussé et fleuri sous mes pieds, comme la pâquerette des gazons, quoique je ne les aie pas toujours aperçus du premier coup d'œil ; souvent même je les ai méconnus. Il m'était bien permis de ne pas toujours voir à travers mes larmes.

Je les ai connus dans les rares voyages que j'ai faits depuis mon enfance, dans la fraîche éclosion de mon cœur au souffle d'un innocent amour, dans la société d'un ami, mais surtout quand j'étais seul avec la nature, en face de Dieu. Je les ai connus dans mes promenades, le long des haies, des prés et des pâturages de ma colline ; en observant les fleurs, les mousses, les oiseaux, dans une rêverie ou plutôt dans un ravissement poétique où tant de voix, de couleurs, de parfums se fondaient pour moi en une harmonie céleste ; quand je lisais mes poètes aimés à l'ombre des hêtres ; quand le pinson chantait sur la plus haute branche, que des bouffées de vent frais faisaient frissonner les feuilles, que les *fils de la Vierge* flottaient mollement dans les airs ou entre les rameaux des arbres, et que tout ce que me racontait le poète, je le voyais sous mes yeux dans la nature.

Le bonheur, je l'ai trouvé dans les quelques fêtes de l'Église auxquelles j'ai pu assister, dans les chants religieux, dans les mélodies de l'orgue, dans ces parfums d'encens et de cierges, qui élevaient mon âme, comme sur des ailes, au-dessus de la terre, et me faisaient rêver aux concerts séraphiques ; je l'ai trouvé dans l'hospitalité que je reçois le même jour au presbytère du village, où notre vieux curé m'accueille comme un ami à sa table et ajoute toujours un *extra* à son ordinaire pour me fêter.

Il est encore pour moi dans l'accomplissement de mon devoir, dans l'amour réciproque des miens, dans cet intérieur où règne la paix, où chacun contribue au bonheur de tous.

Je le trouve encore, le bonheur, après les quelques travaux de ménage dont je puis me charger, dans l'observation et l'étude de tout ce qui me passe sous les yeux. Tous mes instants sont employés, et il ne me reste plus de place pour l'ennui, pour ces heures de mélancolie trop fréquentes naguère. Je sais encore bien peu de choses, mais j'ai du courage et j'espère.

Les laborieux et rudes paysans de ma vallée, ne pouvant comprendre que je puisse trouver le bonheur dans l'étude, accueillent avec ironie, avec dédain, ce que je dis à ce sujet. Plusieurs affirment que je finirai par perdre la tête dans les livres. On préférerait me voir filer la quenouille comme une vieille femme, ou broder comme une jeune fille, que m'occuper à *marquer* le temps qu'il fait et à étudier les herbes et les *petites bêtes*. C'est encore un bonheur pour moi de rencontrer ainsi le contentement et un plaisir d'autant plus doux qu'il est simple, là où personne ici ne songe à les rechercher.

CXXI

30 novembre.

Les espérances que je confiais à mon journal à la fin de septembre se sont réalisées. M. Tenette, curé de Saint-Amé, qui était dernièrement en tournée dans notre pittoresque vallée, était venu nous voir ; en jetant les yeux sur le cadre où mon frère étale ses insectes morts, il nous avait loués de vouloir étudier l'entomologie. « Seulement, a-t-il dit, votre méthode est vicieuse ; il faut garnir le fond de la boîte avec des feuilles de liège, et vous procurer des épingles faites exprès ; vous les planterez dans le liège après avoir piqué vos insectes, qui sont en quelque sorte suspendus en l'air et s'étudient plus facilement. — Mais où me munir de tous ces objets-là, lui demandai-je ? — Je crois, répondit-il, que vous feriez bien de vous adresser à M. le docteur Puton, de Remiremont ; il vous accueillera bien, soyez-en persuadé, et il vous donnera toutes les indications désirables. Il possède une magnifique collection de coléoptères, et il sera charmé que vous vous adressiez à lui, relativement à une étude qu'il aime beaucoup. Dans ma jeunesse, j'ai aussi étudié l'entomologie ; j'avais une belle collection, je l'ai donnée à un ami, et aujourd'hui je ne puis plus vous être utile. Adressez-vous à de plus jeunes que moi, mes bons amis... »

Mon frère est donc allé voir M. Puton ; il a été reçu avec une extrême bonté et vivement encouragé. M. Puton s'engage à déterminer nos insectes ; il a même donné à mon frère du liège et des épingles, des livres et de petits instruments, avec des instructions claires et précises sur les premiers éléments d'une étude qui nous paraît bien autrement difficile à aborder que la botanique. Malgré ces difficultés, nous ne voulons pas nous ralentir. Avec un tel maître, nous arriverons sûrement à faire des progrès.

Ah ! l'hiver serait long, si nous n'avions pas de plantes à étiqueter pour chaque dimanche et notre herbier à établir. Nous voudrions déjà être au printemps pour étudier, dans les champs, les fleurs et les insectes.

Plus de mélancolie chez moi. L'avenir, autrefois si sombre, m'apparaît sous de riantes couleurs. J'ai des amis, des protecteurs. Mon Dieu ! je n'aurais jamais cru pouvoir être aussi heureux.

CXXII

3 décembre, le soir (1).

Aujourd'hui, dès le matin, je descendais au vil-

(1) Fête de saint François-Xavier, patron de l'auteur de ce journal.

lage. Que ce jour a été pour moi différent de celui qui, au printemps, — c'était à Pâques, je me le rappelle bien, — me faisait verser tant de larmes sur l'abandon où je vivais !

De quel accueil, de quelles prévenances n'ai-je pas été l'objet ! Je me suis vu fêté comme jamais je n'aurais pu le rêver dans mes songes fantastiques. Au presbytère, où M. le Curé m'a invité à fêter avec lui mon saint patron, j'ai reçu une fleur charmante que nous avons arrosée d'une bouteille de Frontignan. C'était vraiment une fête, et beaucoup de personnes au village semblaient s'intéresser à me la faire passer heureuse. Oh ! il est encore de beaux jours dans la vie, même pour ceux qui n'espèrent plus.

O bons compatriotes ! si du haut de ma colline où je suis revenu pour longtemps, je pouvais vous faire entendre ma voix émue, je vous dirais : Merci, merci mille fois de votre accueil, de vos bontés ! Par vous mon cœur a retrouvé la paix.

Je garderai longtemps la douce impression que fait sur moi cette journée heureuse, et je verrai peut-être l'hiver, malgré la tristesse qu'il répand sur les coteaux dépouillés et sur nos bosquets aux branches chenues, se montrer aussi agréable à mes yeux que l'était la douce saison de mai avec ses parfums pénétrants et ses verdoyants ombrages. Car, alors, mon cœur était sombre et mélancolique.

CXXIII

4 décembre.

Je n'ai pas eu de repos, hier, à l'occasion de ma fête, j'ai reçu des cadeaux de quatre personnes desquelles je n'attendais absolument rien, et j'en ai été bien vivement touché, plus qu'on ne peut croire. Puis, deux demoiselles que j'ai vues quelquefois à Saint-Amé, et qui ont pour moi les plus bienveillantes attentions, m'ont envoyé chacune, par mon frère, une fleur artificielle fort jolie où je voulais voir à toute force une pensée allégorique.

Enfin, il n'est pas jusqu'au bon D....., l'oncle de Lilie, qui n'ait voulu me fêter à sa manière ; nous avons fait la veillée chez lui. Il prit dans un tiroir un long ruban, un peu vieux, il est vrai, mais encore joli. Comme il n'avait ni myrthe, ni laurier où fixer ledit ruban, le bonhomme le mit autour de ma casquette, mais, comme il n'en venait pas à bout facilement, Lilie réclama cette faveur et employa bien un quart d'heure à faire deux nœuds élégants, qui devaient flotter à ma coiffure tout le soir. Merci, Lilie, ta main a effleuré mon front, mais il n'a pas rougi, mon cœur ne s'est point ému ; j'ai été calme et maître de moi sans efforts ; je sais maintenant que je suis libre.

La soirée s'est passée fort gaiement à raconter des

histoires, comme celles du bonhomme Misère, des légendes des bords du Rhin, que Lilie et moi avons lues dernièrement dans un livre que M. le Curé nous a prêté. Puis, nous avons chanté des chansons comiques, et finalement on a largement bu à ma santé. C'était la clôture de ma fête.

CXXIV

12 décembre.

La neige couvre la terre ; les ruisseaux limpides qui gazouillaient mollement entre leurs rives vertes et fleuries, il y a quelques mois, charrient des glaçons et mugissent lugubrement dans la vallée déserte et attristée. Les arbres lèvent leurs rameaux rouillés vers le ciel bas et nébuleux. Des guirlandes de givre ont remplacé les fils de la Vierge, que la brise des beaux jours suspendait entre les dômes de feuillage des hêtres. Le vent a une voix stridente et plaintive, et pousse les frimas en paillettes légères, qui viennent se coller aux vitres sillonnées de cristaux. J'ai laissé là la broderie à laquelle je travaille toujours, quand j'ai un moment de loisir, pour contempler ces aspects sauvages et désolés, et je me suis absorbé dans une profonde rêverie. C'est vers les souvenirs lointains de mon enfance que ma pensée aimait à se reporter.

J'avais neuf ans : mon frère Jean-Baptiste en avait sept. Le sol était, comme aujourd'hui, couvert d'un demi-mètre de neige ; un temps humide suivi d'une forte gelée l'avait durcie et rendue glissante comme un verglas. Que nous étions heureux !

Le bonheur de l'écolier dans nos montagnes n'est pas uniquement d'aller glisser sur la glace ; ce qu'il aime, c'est de se laisser emporter de haut en bas d'une colline, sur la neige durcie, avec la vitesse de l'hirondelle qui fend l'air. On s'inquiète peu, à cet âge, des dangers qui résultent de ces exercices. Les fossés à franchir, les chocs contre les arbres, les rochers, les murs, les pentes escarpées, qui font descendre avec une rapidité vertigineuse, les culbutes, les chutes au bas d'un talus vers lequel on s'est imprudemment dirigé, la rencontre de glaciers au milieu des neiges dans les lieux marécageux, rien n'arrête l'intrépide écolier turbulent, qui veut jouir du plaisir, à nul autre pareil, de s'élancer sur la pente de glace à travers les hasards et les dangers d'une route séduisante. Oh! nous étions bien heureux.

Un jour, nous avions pris, à l'insu de nos parents, des sabots non ferrés et à moitié usés, et, après un déjeuner fait à la hâte, nous voilà partis pour l'école, munis chacun d'un bâton, et portant tour à tour le panier où étaient le morceau de pain noir et les pommes qui composaient chaque jour notre dîner.

A cette époque, il n'y avait pas de chemin pour descendre depuis notre habitation au hameau de

Julienrupt, où se trouvait l'école. Nous suivions une *frayée* ouverte dans la neige et traçant la route la plus courte. Pour aller plus vite encore et nous donner le plaisir de la glissade, nous quittons le sentier et nous nous élançons sur le dos durci de la neige avec une vitesse délirante. Tout allait bien, quand nous rencontrons un de ces longs glaciers qui se forment dans ces lieux humides. Mon frère tombe, roule, et s'en va glissant sur les reins, se heurtant à toutes les aspérités. Une seconde après, je le suivais dans le même chemin périlleux. Notre panier m'échappe ; les pommes roulent d'un côté, le pain de l'autre ; le bâton suit le panier et nous dévalons ainsi pêle-mêle jusqu'au bas du coteau. Nous avions bien envie de pleurer. Nos doigts saignaient, nous avions la figure écorchée, notre dîner était perdu et nous étions transis de froid. Que faire ? Nous essayons bien de remonter le glacier, afin de recueillir les épaves de notre naufrage sur cette mer de glace, mais nos sabots glissants ne pouvaient nous porter, et une ou deux chutes nous firent saigner du nez. La situation devenait intolérable. Il nous fallut faire un grand détour pour retrouver la frayée dans la neige, et nous revînmes chez nos parents, tout gelés, ensanglantés, morfondus et rapportant notre panier vide, que nous avions pu retrouver. Ce jour-là nous ne sommes pas allés à l'école.

Le lendemain, nous recommençâmes la glissade,

mais cette fois nous avions pris nos précautions, et il n'arriva pas d'accidents. Au printemps, mon frère retrouva, dans le ravin, théâtre de notre triste exploit, deux pommes gelées. Les oiseaux avaient sans doute vécu de notre pain pendant les mauvais jours. Pour moi, gisant sur un lit de douleur, j'avais perdu la liberté et ne devais plus prendre part aux jeux de mes camarades ; j'allais vivre loin de la société. Toute espérance m'avait abandonné, car la médecine commençait à se déclarer impuissante à rétablir ma santé.

CXXV

24 décembre.

Ce soir, l'ouragan se déchaîne dans la campagne. Les rameaux nus des grands hêtres, courbés au souffle des autans, font entendre une voix plaintive et lugubre qui se mêle au mugissement de la tempête. Des nappes de pluies et de grésil battent et inondent les vitres de ma chambre. J'ai passé tout le jour à étudier, et ce soir, au milieu de la nuit obscure, le sommeil ne peut me fermer les yeux ; je veille, agité de mille réflexions, et je suis triste.

J'ai beau me dire : « Il m'est venu des amis ; l'étude m'a apporté ses consolations ; je trouve chez mes voisins, chez mes compatriotes une réception amicale ; un peu de science acquise à grande peine me relève à mes propres yeux ; en un mot, je ne suis plus isolé. » Ces discours intérieurs de la raison n'éclaircissent pas toujours le sombre ciel qui couvre ma pensée.

Demain, demain sonnera pour moi la vingt-cinquième année, celle des nobles ardeurs, celle d'une féconde activité. Je n'ose pas en ce moment passer ma vie en revue ! la tourmente du dehors assombrit mon cœur.

CXXVI

25 décembre.

J'ai atteint aujourd'hui ma vingt-cinquième année, et depuis quinze ans, hélas ! je suis perclus des deux jambes, sans avenir, et retenu pour jamais entre les quatre murs d'une chambre !

Je puis, il est vrai, me traîner péniblement autour de mon habitation et faire quelques excursions sur ma colline natale ; en outre, depuis six mois. je possède un âne qui me conduit quelquefois dans les villages voisins, et je ne suis pas tout à fait étranger à la société. Mais ce n'était pas là la destinée que je rêvais avant le malheur qui m'a frappé. Je suis résigné à mon sort, mais non consolé, et mon infortune est de celles qui anéantissent à jamais le bonheur d'une existence.

Le dernier jour où j'ai joui de la liberté est toujours présent à ma mémoire. C'était à la fin de décembre 1845. Une pluie torrentielle avait fait fondre la neige abondante, sur laquelle nous prenions nos ébats quelques semaines auparavant ; le ruisseau de Cleurie était débordé, et les canaux d'irrigation coulaient à pleins bords. Je quittai l'école du hameau avec quatre petites filles de mon âge, pour aller assister aux instructions du catéchisme que le vicaire de Saint-Amé venait donner aux enfants de la vallée de Cleurie, afin de nous épargner le voyage à Saint-Amé. Pour traverser le canal de la prairie qui longe le fond de la vallée, près du pont qu'on vient de construire à Hazintray, nous étions obligés de passer sur une planche étroite, jetée sur les deux bords, en guise de passerelle. J'arrivai le premier de l'autre côté sans accident ; mais, Rosalie B..., arrivant derrière moi, glissa sur la planche qui faisait bascule, et tomba à l'eau en criant au secours.

Je fis alors ce que je ferais encore aujourd'hui. Je me jetai dans le canal pour aider ma camarade à en sortir ; et, puisque j'étais dans l'eau jusqu'à la ceinture, je rattrappai la planche qui suivait le courant, je la remis solidement en place et fis passer les autres enfants sur le bord opposé. Après avoir tordu nos vêtements, nous continuâmes notre chemin en nous disant qu'à l'école de Cleurie nous trouverions du feu pour nous sécher. Du reste, le soleil avait percé les nuages, et, bien qu'il soufflât une bise assez froide, nous ne nous sentions pas trop mal. Nous avions vu bien d'autres intempéries.

A l'école de Cleurie, je fus malheureusement placé sur un banc éloigné du poêle, et je n'osai réclamer la faveur d'être près du feu, parce que nous étions en retard et que le vicaire avait commencé son instruction religieuse.

Quand le catéchisme fut fini, je retournai à Julienrupt pour prendre mon panier et les livres dont j'avais besoin le soir. Il était nuit quand j'arrivai chez mes parents, transi de froid. Mon premier soin fut de quitter mes vêtements, car ils n'étaient pas encore secs. Le lendemain et les jours suivants, je ne ressentis d'autre malaise qu'une grande lassitude dans les membres. Le 5 janvier, je souffris d'un violent mal de tête, et le soir, un froid douloureux me courait par tout le corps. Dans la nuit, malgré les soins qui me furent prodigués, je ne pus dormir ; les douleurs devenaient intolérables. Quand je voulus me lever, je pus à grand'peine me soutenir. Je fis cependant encore quelques pas. Ce devaient être les derniers ! Huit jours après, j'étais complètement perclus. Pendant un mois, je poussai des cris, nuit et jour, sans pouvoir m'assoupir une minute. Mes nerfs étaient rétractés, mes membres contournés et contrefaits, et je m'étais brisé cinq dents au milieu des convulsions et des douleurs atroces qui me torturaient.

Le docteur qui me prodigua ses soins se méprit

peut-être sur la nature du mal terrible qui m'avait saisi. Toujours est-il que, s'il réussit à calmer mes souffrances, il ne put parvenir à me remettre sur mes pieds. La nature seule l'emporta chez moi, et c'est à elle que je dois les forces que j'ai reprises et la bonne santé qui m'est revenue après sept ou huit ans de convalescence.

CXXVII

27 décembre.

Depuis plusieurs jours, de tristes souvenirs m'avaient comme replongé dans la mélancolie ; il en est trop souvent ainsi quand j'approfondis ma situation. Heureusement que je trouve un remède assuré à mon sauvage ennui dans la lecture et dans l'étude, ces deux biens précieux dont le Ciel ne m'a pas privé. La crise que je viens de subir, en songeant à l'âge que j'ai atteint et à l'infortune qui a ôté tout ressort à ma vie sociale, me prouve une fois de plus que la victoire restera toujours de mon côté. Oui, livre de la nature, livre des hommes, vous êtes mes consolateurs. Avec vous, je ne suis plus seul et je ne sens qu'une partie de mes maux.

Aux jours de l'été, jours splendides du soleil et des fleurs, j'aimais à étudier, au milieu de la verdure des prairies, sur la lisière du bois, au pied des rochers, le long des haies, la vie de la création, miracle incessant, varié, qui frappe à peine les yeux de l'homme. Quand l'hiver a dépouillé nos bois de leur verte toison, qu'il a blanchi la vallée de frimas et m'enferme dans les murs de ma chambre, j'aime encore à revoir, desséchées, les fleurs que j'ai recueillies dans mes promenades des beaux jours. Rien n'est plus doux pour moi que l'étude de mes douces fleurs des champs. Je les détermine, je les classe, j'inscris leurs noms scientifiques et vulgaires. Je vais ensuite au delà du simple fait de classification, car chaque plante a, pour ainsi dire, son histoire, ses légendes, ses vertus, ses propriétés. Quand le printemps ramènera la vie et la joie dans la vallée, j'irai encore lire dans la prairie ouverte comme dans les pages d'un immense livre.

Et puis, quand, après une semaine où l'ennui m'a tourmenté, je vois revenir le jour du repos, qui pour moi est maintenant un jour heureux, combien j'ai hâte d'en jouir ! Adieu, broderie insipide, aliment de tristesse ; adieu, arides griffonnages d'écritures administratives ; pour un jour vous n'avez plus de droits sur ma vie.

C'est avec vous, ô mes chers livres de science, d'histoire ou de philosophie, que je viens m'entretenir. O mes chers auteurs, anciens ou modernes, modèles incomparables, je suis avec vous ; vous m'égayez, vous m'instruisez, vous me consolez, et, jusqu'au milieu de la nuit ; je passe avec vous des heures délicieuses, toujours trop rapides.

Jeunes gens, à qui le loisir et la fortune permettent l'étude, et qui, toute votre vie, ne songez pas à acquérir la moindre connaissance sérieuse, que vous me semblez à plaindre! Ah! du moins, sous prétexte de me protéger contre l'ennui, ne venez pas, alors que je goûte un moment de bonheur dans l'étude, vous fatiguer de moi et me fatiguer de vous.

CXXVIII

31 décembre 1860, le soir.

J'ai peu dormi cette nuit. Interrogeant le passé, impuissant à sonder l'avenir, je m'agitais en vaines questions, mais sans inquiétude. L'incertitude de l'avenir ne jette plus en moi ces troubles violents et ces désespoirs qui m'écartaient de la voie de la vérité. La résignation religieuse est venue m'apporter ses consolations, en même temps que le monde s'ouvrait pour moi presque souriant. Mais qui donc, placé, pour ainsi dire, sur le seuil d'une nouvelle année, n'a jeté un regard en arrière pour compter les pas qu'il a faits et mesurer devant lui ce qu'il entrevoit du reste du chemin?

Qu'il est heureux celui qui, au soir de l'année, peut se dire : Cette époque de ma vie s'est passée innocente et pure! Car, tout ce à quoi nous attachons du prix dans ce monde, la santé, l'intelligence, la position, l'influence, la richesse, ne sera d'aucun poids, à la fin des temps, si nous n'en usons en vue de Dieu et pour le bonheur de nos semblables.

Pour moi, pauvre membre ignoré de la grande famille humaine, je n'ai point à me plaindre du passage rapide du temps. La jeunesse, avec ses rêves roses ou ses folies s'est enfuie loin déjà, sans qu'aucun de ses plaisirs soit venu visiter ma solitude. L'âge mûr, celui ou l'homme comprend la sagesse, semble aujourd'hui m'être accordé par le temps. Mais que de jours encore il me reste à parcourir avant que je puisse me dire : J'ai profité à l'école du malheur ; la sagesse est venue me visiter !

Ce journal, confident intime de mes pensées pendant cette année, où il me semble avoir vécu d'une autre façon qu'auparavant, sera peut-être le jalon qui séparera deux époques de mon existence : une première jeunesse tourmentée de rêves et de regrets fous, éperdus, désespérés ; une seconde jeunesse que mûriront l'étude et l'amitié. En allant au fond de moi-même, il me semble que je suis devenu un nouvel homme. La transformation qui se fait a été lente, pénible, traversée par bien des accablements. Mais ces affaissements passagers n'ont servi qu'à me faire sentir ma force, et j'éprouve comme une sorte d'orgueil d'avoir vaincu. Pour moi, comme pour tous, l'avenir reste obscur, incertain, ignoré ; mais une espérance est venue envahir mon âme, et je passerai la porte de l'année qui s'ouvre, le cœur content et gai.

Adieu, journal de ma solitude, mon consolateur et mon ami le plus fidèle pendant cette année . Sous les pommiers roses, au milieu des fleurs de l'ermitage, je t'ai dit mes pensées les plus secrètes. Confident des ennuis comme des joies qui, semblables à une douce rosée, inondaient mon cœur, tu me rediras dans l'avenir mes veilles d'hiver, au bruit des vents glacés qui mugissent dans les bois déserts, mes rêveries d'automne, mes pleurs et mes soupirs dans toutes les saisons. Mais je ne te fermerai pas, mon doux ami , sans t'avoir répété que c'est en m'entretenant avec toi que j'ai appris à me connaître que c'est toi qui m'as fortifié dans les espérances qui sont venues changer la direction de ma vie, et sans bénir l'année dont mon horloge frappe en ce moment les dernières minutes.

Salut joyeux à la nouvelle année ! Salut reconnaissant à celle qui n'est plus !

VOYAGE A LA SCHLUCHT

PAR

GÉRARDMER, LONGEMER ET RETOURNEMER

LES 22 ET 23 JUILLET 1860

EXTRAIT D'UNE LETTRE A MON FRÈRE LOUIS (1)

Au Pré-Tonnerre, le 24 juillet 1860.

..... Nous sommes partis le dimanche 22 juillet, de grand matin pour Gérardmer, par un temps qui promettait d'être favorable. J'avais à voir, à Tholy, Mlle G....., ma brodeuse en chef. Pendant que je réglais avec elle mes petits comptes, que je faisais

(1) Mon frère Louis est mort au siège de Paris, le 4 décembre 1870, emporté par le typhus, au moment où il venait d'être nommé capitaine dans le 28ᵉ régiment des gardes mobiles.

(Note de l'auteur.)

emplette dans son magasin d'une certaine quantité de pièce de broderie, de coton et d'aiguilles que je devais reprendre à mon retour, et de papier gris que j'emportais dans mon cartable pour serrer mes récoltes botaniques, mon grison grignotait une poignée d'avoine. Je me replaçai ensuite sur ma voiture, et Coco, après avoir dressé les oreilles, se mit au trot.

L'intelligent animal avait sans doute à cœur d'examiner le paysage, ou songeait peut-être au râtelier de son étable, car nous n'étions pas à un kilomètre du Tholy, qu'il manifesta l'intention d'arrêter et de rebrousser chemin. Force fut à Martin-Bâton de lui caresser les côtes, et cette opération n'étant pas à son gré, il eut recours à une méchanceté contractée chez les bohémiens ambulants; il ajusta un si bon coup de son sabot ferré sur la main de mon frère, qu'il lui enleva la peau de l'index sur une grande surface.

Pendant que le blessé allait faire panser son doigt dans une maison voisine, nous nous mîmes, mon âne et moi, à rêver en allant au pas. J'étais bien sûr que tout ce qui m'apparaissait était nouveau pour moi, et comme j'ai le grand avantage de n'être pas blasé sur les curiosités ni même sur les simples accidents ou incidents de voyage, je jouissais avec une satisfaction indicible de la vue des paysages qui m'entouraient. Comme botaniste, je tenais à rapporter de mon excursion de quoi enrichir considérablement mon petit herbier, et bien que la saison où nous sommes soit moins riche en espèces que le mois de juin, je puis dire que j'ai beauconp récolté et beaucoup vu de plantes qui m'étaient inconnues. Cette étude a doublé le plaisir de notre voyage.

Pendant que mon âne lorgnait du coin de l'œil les succulentes graminées du bord de la route, qui l'obligeaient en quelque sorte à marcher le plus lentement possible, et que je prenais note en esprit de la végétation de la vallée du Rain-Brice, mon frère m'avait rejoint. Alors nous avons fais trotter de nouveau le gourmand grison, qui se hâta de nous prouver l'agilité de ses jambes velues et en moins de deux heures nous transporta sur les bors du lac de Gérardmer.

Vous me dites de retracer mes impressions de voyage. Jusqu'ici pour un touriste ordinaire il n'y aurait pas eu matière à réflexion. Pour moi, voici ce que j'ai vu. Bien que je ne sois pas géologue, je me suis souvenu d'avoir lu quelque part une étude de M. Hogard sur les moraines de la vallée du Beil-lard et sur les tourbières si vastes qui forment le fond de certains bassins naturels que j'ai remarqués. Ces moraines sont visibles et sautent aux yeux, comme on peut dire vulgairement. Ce sont des amas de sables et de graviers, qui auraient été amenés là par des glaciers dans les temps antérieurs à l'huma-nité historique, et auraient barré le passage des eaux. Je ne suis pas encore assez instruit pour pouvoir disserter là-dessus. Je constate la chose, voilà tout. Ces moraines ont servi pendant longtemps de chaussées à des lacs semblables à celui de Gérardmer, lacs qui ont été plus tard comblés par les détritus des collines et par la végétation envahissante des bords. Telle est l'origine de la tourbe qu'on exploite dans la vallée du Beillard. Je me suis fait apporter par mon frère un morceau de cette tourbe, et je lui ai fait remarquer des restes ligneux d'arbres et de plantes que les botanistes peuvent déterminer. On y voit en général les plantes actuelles de nos lacs et surtout les *sphaignes*, les *carex*, les *joncs* qui croissent encore à la surface du sol nouveau. Les débris de la végétation actuelle augmentent encore chaque année, dans bien des tourbières, la masse de l'ancien dépôt.

Cette vallée du Beillard avait à mes yeux un aspect à la fois riant et sévère. C'est un tableau entouré comme d'un encadrement de magnifiques forêts de résineux, où l'épicéa domine. Le fond est une immense pelouse bigarrée de hameaux coquets, de blanches maisons à l'air réjoui, de magnifiques cultures et de grasses prairies qu'arrosent quelques ruisseaux limpides et des sources. L'ensemble avait ce jour-là un aspect si poétique que j'en ai conservé un souvenir qui ne s'effacera pas de longtemps de mon esprit.

Le sol de la vallée, formé d'alluvions et de tourbières, présente une flore différente sous quelques rapports de celle de la vallée de Cleurie. Nous y avons remarqué surtout une scabieuse qui affectionne les sols tourbeux, *scabiosa succisa*. Bien que les plantes que nous remarquions dans les prairies, fauchées depuis peu, ne puissent nous donner une idée exacte de la flore fourragère, il est certain que les graminées des lieux humides doivent se mêler aux plantes palustres nuisibles. Le fourrage doit y être excellent, mais un peu dur. Dans les forêts, au bord de la route, nous avons récolté des stellaires et des épilobes. Ces plantes, sous la verdure majestueuse des épicéas, étalaient un luxe de végétation et de floraison que bien des fleurs de mon jardin envieraient. Une mousse aussi douce que le velours invite à se reposer sous cet ombrage ; mais, là encore, nous n'avons dû que constater le lieu de repos et le site gracieux de cette station pittoresque.

Vous connaissez la perspective qui se déroule subitement aux regards, quand on se rend à Chèvre-Roche en suivant le chemin forestier de l'Envers-de-Cleurie, et qu'on débouche de la forêt au-dessus du coteau de Crémanvillers ; nous avons souvent admiré d'autres aspects moins grandioses, mais qui impressionnaient nos jeunes imaginations. Eh bien, l'émotion, la surprise, l'enthousiasme qui m'ont saisi, quand, parvenu au sommet de la moraine qui limite au sud le lac de Gérardmer, j'ai découvert ce lac magnifique et les paysages qui l'encadrent, ont laissé bien loin les souvenirs du passé. Je n'avais pas d'idée de la beauté d'un lac au fond d'un entonnoir de montagnes, et j'étais vraiment ravi de découvrir ainsi subitement un aussi splendide amphithéâtre. Je compris que sur les bords de ce limpide miroir ombragé de sapins centenaires le poète doit trouver de véritables inspirations. J'aurais voulu pouvoir me dire que je viendrais ici bâtir mon ermitage et m'enivrer de la poésie de ces beaux lieux.

Je promis, à tout hasard, de faire un poème sur ce magnifique panorama. Une brise légère ridait l'azur du lac et formait de petites vagues blanches qui semblaient sourire aux nuages floconneux, autres vagues de l'océan des cieux. A l'horizon, devant nous, la coquette petite ville de Gérardmer aux maisons blanches et élégantes; sur les coteaux, de champêtres demeures à l'aspect singulièrement propre et riant, des enclos gracieux, des fontaines, des ruisseaux, puis des forêts et de hautes montagnes s'échelonnant dans le lointain, tel est le paysage dont j'aurais voulu décrire en beaux vers l'ensemble et les détails.

J'arrêtai, à sa grande satisfaction, mon âne, qui, pendant que je poétisais, se mit à brouter quelques carex sur les bords du lac. Je songeais enfin que j'ambitionnais surtout de connaître les plantes de nos montagnes, et je me fis apporter par Jean-Baptiste beaucoup d'espèces que je n'avais pas encore trouvées. Je serrai dans mon carton des joncées, des cypéracées, des typhacées, des équisétacées, dont il est inutile, je crois, de citer les noms dans le langage barbare des botanistes.

Notre âne nous conduisit ensuite rapidement à Gérardmer, vaste agglomération qui tient de la ville par plusieurs de ses rues, par l'urbanité des habitants et leur langage, par les hôtels et les maisons bourgeoises à l'aspect presque somptueux, par les promenades, les édifices publics, et tient encore du village par le travail et la simplicité des mœurs. Jamais je n'ai rencontré un ensemble de physionomies aussi franches, aussi ouvertes.

Les habitants sortaient de la messe paroissiale. Nous avons donc pu, dans l'espace d'un quart d'heure, voir un échantillon des diverses classes de la société dont se compose la population de cette vaste commune rurale et urbaine à la fois, qui forme presque à elle seule son canton.

Nous étions étrangers, vêtus de la blouse du paysan et juchés sur une voiture qui n'était rien moins qu'élégante, conduite par un âne maigre, velu, moustachu, qui ne devait pas inspirer une grande considération en notre faveur. Dans certains villages que vous connaissez bien, et même à Remiremont, nous n'aurions pas même été salués, à moins que nous n'eussions adressé les premiers un salut d'une manière tout à fait humble ; car généralement j'ai remarqué que, malgré le proverbe, on croit que l'habit fait le moine. Eh bien, à Gérardmer, nous avons vu de bons paysans venir nous joindre et causer avec nous comme avec des connaissances. Je n'ai pas remarqué de ces coups d'œil sournois et hautains que m'envoient les paysans d'une autre vallée, assez dédaigneux pour ne me parler que quand, las de voir leurs yeux grands ouverts braqués sur moi, je leur adresse humblement la parole. J'ai jugé que la fierté qui naît de l'égoïsme n'était pas connue des bons habitants de Gérardmer. Dans cette foule, personne ne s'avisait guère de penser que je faisais une étude de mœurs; on nous prenait simplement pour des paysans vosgiens des environs. Certes, je n'en demandais pas davantage.

Une grande partie des hommes et même des femmes portaient au dos le *brise-dos*, — sorte de hotte, — avec lequel les habitants de la montagne descendent le dimanche à Gérardmer. Ils apportent, en venant, les toiles fabriquées pendant la semaine, la boissellerie, le beurre, les œufs, enfin tout ce qu'ils ont à déposer ou à vendre au chef-lieu. Au sortir de la messe, on les voit donc reprendre le *brise-dos* chargé de provisions pour la semaine : sel, eau-de-vie, tabac, pain, farine, riz, et le fil de lin destiné au tissage des toiles. Il se fait ainsi un perpétuel échange commercial entre le village et les écarts. Les marchands de tabac et d'eau-de-vie doivent avoir vendu considérablement ce jour-là ; car on ne voyait guère de chef de famille s'en retourner sans être muni de la bouteille de *goutte* et du paquet de gros tabac. Placés en face de la maison des débitants, nous avons bien pu le remarquer.

Notre âne était entouré d'un essaim de bambins, qui considéraient avec des yeux ébahis ce singulier animal, qu'ils n'avaient jamais vu, les ânes étant fort rares dans le pays. Du reste, il paraît que les enfants préfèrent tous un âne à un cheval, parce que l'animal est plus petit. De gentils poupons, sur le bras de leurs mères, disaient : *Un ti ceval, maman !*

Cependant sans s'inquiéter des flots du populaire, ni des quolibets qu'il pouvait inspirer, Coco s'en allait bravement, dressant ses longues oreilles et nous conduisait dans une rue presque déserte, lorgnant toutes les enseignes, comme s'il eût voulu chercher le mot *avoine*. Ce fut, en effet, devant une auberge qu'il s'arrêta, et qu'il se mit à chanter un des plus formidables *hi han* qui fût jamais sorti de son gosier.

Pendant qu'il se réconfortait d'un picotin, nous faisions nos provisions pour le reste du voyage ; cette précaution nous rendait dès lors libres de notre temps sans inquiétudes sur le boire et le manger et sur nos dépenses futures. Je plains les pauvres riches qui voyagent en grand équipage, ne voyant un pays qu'à travers une portière, qui ne le jugent que par les bons dîners, les réceptions plus ou moins bruyantes, les courses en calèches ; ils doivent avoir des impressions de voyage bien différentes des nôtres.

De Gérardmer à Longemer, le paysage devient de plus en plus sévère. Les hautes sommités de la chaîne des Vosges apparaissent à une courte distance. J'ai enfin, découvert le Hohneck, cette masse imposante, but de notre pèlerinage, cette montagne que, comme botanistes, nous vénérions singulièrement. Nous avons peu à herborisé pendant ce trajet entre les deux lacs mais j'ai noté plusieurs choses. Mon frère me signala, à gauche de la route, la pittoresque vallée de Granges, si ombreuse et si imposante, que je me promets bien d'aller visiter un jour, et me conduisit à la *Pierre-Charlemagne*, large éclat de granit enfoncé dans le sol sur le bord de la Vologne. J'ai récolté près de cette pierre célèbre, où la légende raconte que dîna un jour Charlemagne, plusieurs plantes très communes partout, mais que je conserve comme un souvenir de la localité. Nous aurions bien aimé aller voir le *Saut-des-Cuves*, belle cataracte de la Vologne, mais le temps nous manquait ; nous remîmes de même au lendemain la visite au *Pont-de-Vologne*, une curiosité que je décrirai plus loin, et nous prîmes à droite un chemin qui devait nous conduire dans le vallon des lacs.

Une chose que tous les touristes doivent remarquer, comme nous l'avons fait, c'est le caractère singulièrement animé que donnent au pays les scieries et le blanchissage des toiles. Comme c'était dimanche, les scieries étaient presque toutes en repos ; mais le lendemain à notre retour, je prenais plaisir à entendre ainsi, de distance en distance, grincer rapidement ces lames puissantes qui, tous les jours, réduisent en planches nos sapins, sans épuiser les forêts. Ces usines, au milieu d'un peuple à la fois agriculteur et industriel, font vraiment plaisir à voir. Ensuite, depuis la limite de la commune de Tholy jusqu'à l'autre extrémité de Gérardmer, on voyait partout, étendues au soleil sur les prairies, une quantité innombrable de toiles de lin. Des jeunes filles robustes, fraîches et riantes, jetaient dessus l'eau limpide du ruisseau ou du canal voisin, en la faisant voler en l'air au moyen de la *jetterosse*, — petit seau à long manche horizontal, — et cette eau retombait en pluie fine et abondante qui scintillait aux rayons du soleil.

A côté de ces tapis de toiles est une cabane, où le chien du logis se tient la nuit et veille, en l'absence du maître, pour repousser les voleurs qui tenteraient de les enlever à la faveur des ténèbres.

Nous avons voyagé pendant quelque temps avec un de ces *blanchisseurs*, qui nous a dit comment cette industrie était pour lui utile à sa culture. Beaucoup de ses compatriotes l'imitent, et le procédé vaut la peine d'être noté. Le fumier de ferme manque à Gérardmer, comme partout où les céréales font défaut ; pour y suppléer, les habitants emploient les cendres lessivées qui conviennent parfaitement à l'amendement des prairies et des champs à sol tourbeux. Il faut des cendres, et beaucoup, pour le blanchissage, en dehors de la soude que fournit le commerce. Ils amassent des fougères, de l'herbe, des arbrisseaux, toute espèce de végétaux ; ils brûlent ces matériaux lentement, à feu couvert, et font ainsi une quantité considérable de cendres, qui, après avoir servi au blanchissage, sont employées comme engrais.

De là, la luxurieuse végétation fourragère qu'on remarque dans certains enclos à sol relativement pauvre.

Il serait, ce me semble, à désirer que l'emploi des cendres, comme engrais, fût généralisé. On en ferait de quoi fertiliser des milliers d'hectares avec les produits inutiles ou nuisibles de la végétation sauvage qui couvre les terres incultes dans la vallée de Cleurie, par exemple.

Il était environ une heure, lorsque nous aperçûmes le second lac, celui de Longemer, qui a une longueur de deux kilomètres à peu près. Le spectacle devenait de plus en plus grandiose. En face de nous, le Hohneck, avec ses chaumes d'un vert d'émeraude, ses bois de hêtres rabougris et rougeâtres ; à gauche, la haute montagne de la Brande, géant colossal de granit, sur le flanc de laquelle on vient d'ouvrir une route dans les rochers ; à droite, la masse des hautes cimes boisées de Fachepremont qui s'étendent vers la *Grande Montagne*, et dans lesquelles s'ouvrent de sombres et mystérieux vallons qui conduisent à la Bresse et au lac de Lispach. Nous avons trouvé un écho polysyllabique des plus admirables au pied de cette dernière montagne, au lieu où le vallon de Longemer débouche dans la vallée plus large de Gérardmer. On dirait, quand on élève la voix, qu'une longne plainte s'exhale de la poitrine de ces géants. La voix est répercutée, dit-on, jusqu'à sept fois, et à des intervalles inégaux, dans cet entonnoir. J'ai compté six échos, et le dernier semblait se perdre dans le lointain.

Dans le fond, deux routes, une au pied de chaque versant; le lac bleu, dans lequel se reflètent le ciel et les sapins, des chaumières, des pâturages, des ruisseaux limpides et murmurants, et partout une végétation luxuriante, tel fut l'aspect que nous présenta le vallon de Longemer. J'aimais surtout à voir cette nappe d'eau limpide, aux vagues folles, suivre les méandres de la vallée, et ressembler à une glace dans ce cadre de monts gigantesques. Je songeais à ces vers du poète :

> Ces lacs que rien n'altère
> Entre des monts géants,
> Dieu les mit sur la terre
> Loin du souffle adultère
> Des sombres océans,
> Pour que nul vent aride,
> Nul vent mêlé de fiel,
> N'empoisonne et ne ride
> Ces gouttes d'eau limpide
> Où se mire le ciel !

> (V. Hugo. — *La Prière pour tous.*)

Pendant que nous jouissions du charme indescriptible de ce paysage enchanteur, si nouveau pour moi, l'ombre épaisse d'un large sycomore s'étendit sur nous et nous invita au repos.

C'était le cas où jamais de prendre un dîner champêtre. On détela le grison, qui se mit à braire de contentement et à tondre l'herbe à belle langue sous ces ombrages frais. Un gazon fleuri nous offrit un tapis des plus doux ; j'y mis le couvert. Jamais festin plus agréable ne fut pris sur cette rive par plus joyeuse compagnie.

Notre dîner au bord du lac était simple et frugal : du jambon, du lard, de la saucisse, des œufs à la coque, du pain bis et une bouteille de vin qui ne valait pas l'eau limpide du ruisseau voisin. Nous avions un appétit de bon aloi. A coup sûr, il manque au plus somptueux festin ce qui faisait le charme du nôtre. Nous étions au bord du lac, entourés de bosquets où gazouillaient encore des myriades de fauvettes ; les cimes alpestres des ballons formaient comme les murs de notre salle, une alouette chantait au-dessus du lac, et semblait se complaire à se mirer dans son onde cristalline. Je me souviendrai longtemps de notre halte poétique.

Pendant que nous discourions sur les charmes de ce paysage et que le grison s'en donnait à cœur joie dans les hautes herbes du rivage, vint à passer à côté de nous un groupe de jeunes filles du hameau de Longemer qui revenaient de la messe. Ce fut pour nous l'occasion de remarquer une fois de plus l'affabilité de ces montagnardes ; notre causerie a été fort gaie. Mon frère connaissait une de ces demoiselles, qu'on appelle Minette et qui est certainement plus instruite que nous en botanique : c'est la fille de M. Martin, le célèbre botaniste-guide que les natura-

listes vosgiens et alsaciens apprécient si justement.
Nous promîmes d'aller voir chez eux et le père Gérard Martin et le fils, Nicolas, une connaissance aussi,
et de discourir un peu plus longuement sur la végétation alpestre des montagnes voisines.

En souvenir du lieu où nous nous étions ainsi
restaurés, je cueillis un échantillon de la *renoncule
en feuilles d'aconit*, plante qui croît en abondance
en ce lieu, et plusieurs graminées et cypéracées
que je me promis de déterminer à mon retour. Nous
ravîmes Coco à son succulent festin, et, lui ayant
rajusté son harnais, nous partîmes pour Retournemer.

Ce fut pendant ce trajet que je fis la découverte
d'un ermitage tel que j'en ai rêvé maintes fois depuis
le mien. Figurez-vous une petite maison bien blanche, aux vitres encadrées de lierre et de fleurs grim-
pantes, placée au milieu d'un petit enclos, ayant en
perspective de hautes montagnes, élevées de plus de
six cents mètres au-dessus de ce lieu et se dressant à
pic, et, tout près de là un lac, qui vers l'ouest va se
perdre et se confondre avec l'horizon. Joignez à cela
les immenses, sombres et mystérieuses forêts, les oiseaux chanteurs dont les voix (celles de la fauvette à
tête noire et de la grive surtout) se répètent d'écho
en écho avec des inflexions musicales dues aux ré-
percussions de leurs notes dans les bois, et vous aurez une idée vague de l'ermitage que j'ai découvert
dans la solitude de Longemer. Au fond du paysage,

près de la blanche maisonnette, une jeune fille, délicieusement belle, gardait quelques génisses, un livre à la main, tout en se promenant rêveuse à la lisière des grands bois. Ceux qui savent combien je sens la poésie des champs, peuvent comprendre si l'image de cette chaumière et de tout ce qui l'entourait ne s'est pas gravée plus profondément encore dans mon cœur que celle des solitudes des bords du lac de Gérardmer.

Mais nous voici chez M. Gérard Martin, le cultivateur botaniste. Il n'était pas revenu de la messe, et pour surcroît de malechance, Nicolas et Minette venaient de partir avec d'autres jeunes gens, qui étaient venus les prendre pour aller faire une excursion à la Schlucht. Nous avons dû nous consoler de leur absence en visitant le petit jardin botanique établi près de la maison. J'y ai vu une grande quantité de plantes des Hautes-Vosges que je ne connaissais pas, et que je me promis d'avoir un jour dans mon herbier. Nous avons herborisé, chemin faisant, tant au bord de Longemer que dans les bois et les haies du vallon. Mon carton se gonflait à vue d'œil; il fallut commencer à nous modérer dans nos récoltes.

Tout à coup un ravissant spectacle s'offrit à nos regards. Nous venions d'entrer dans le petit bassin au fond duquel se trouve encaissé le lac de Retournemer. Il était trois heures. Ce bassin, formé par des monts à pic, couverts de sapins et de hêtres gigantesques, n'a guère que 500 mètres de diamètre à sa

base, et cet espace est en grande partie couvert par
un lac. On dirait le cratère d'un ancien volcan, bien
que rien ne décèle dans la constitution du sol une
origine volcanique. Le soleil faisait resplendir d'un
vif éclat les eaux sombres de ce gouffre, sur lequel se
promenaient en bateau de joyeux touristes alsaciens.
Dans une de ces barques on jouait de la clarinette, et
une douce voix accompagnait. C'était une de ces
vieilles chansons connues dans toutes les chaumières,
celle-là que notre oncle nous a chantée tant de fois,
et que les conscrits répètent en chœur le jour du ti-
rage au sort, le *Petit Troupier*.

Voici le couplet, aussi bien rimé que les autres,
que chantait la voix, quand nous arrivâmes sur les
bords du lac :

> Trente ans de bons services
> Valaient bien un congé ;
> De nobles cicatrices
> Mon front est surchargé.
> Sous mon vieux chaume hospitalier
> Venez visiter le guerrier ;
> Vous entendrez avec délice ⎱
> Les exploits du petit troupier. ⎰ *(bis)*

L'air de cette chanson, modulé lentement au bruit
cadencé des rames, était répété nombre de fois par les
échos et semblait se perdre vers les cimes du Fachepremont, de Balverche et du Hohneck. Ce site grandiose, cette nature paisible, cet encadrement alpestre, cette eau bleue, cette musique champêtre, tout

cet ensemble avait un caractère, que je ne puis vous peindre, de poésie et de grandeur. J'en ressentis une de ces impressions qui ne s'effacent pas de l'esprit.

Notre grison, peut-être sensible comme nous au charme de cette mélodie, s'était arrêté brusquement et prêtait l'oreille. J'ai toujours eu, toutefois, comme une arrière-pensée que notre âne était plus enclin à la paresse qu'à la mélomanie, et qu'il était bien aise d'avoir cette occasion de reposer ses jambes, tout en sauvegardant son amour-propre. Toujours est-il qu'il inclinait les longs cornets de ses oreilles vers la clarinette, ce qui pourrait servir à le justifier.

Près du lac est une excellente auberge tenüe par un garde-forestier, M. Barthélemy. C'est là que nous sommes descendus pour réconforter soigneusement le grison avant d'entreprendre l'ascension de la montagne. Nous avons été reçus avec une bonté, une politesse qui nous prouva que l'hôtelier et sa femme pouvaient avoir conçu l'idée que nous valions notre piètre équipage. On servit du foin, de l'avoine, du pain et de l'eau à Coco, qui ne se fit pas prier pour attaquer ces provisions : au dessert, il chanta.

Pendant que nous vidions une bouteille de vin d'Alsace, en visitant nos provisions de voyage, des Alsaciens, qui paraissaient appartenir aux rangs élevés de la société, se préparaient aussi à dîner. Parmi eux e trouvaient trois botanistes, qui voyant que nous avions récolté des plantes, lièrent sans plus de façon une conversation courtoise avec nous. Un instant après, nous nous préparions à partir, quand notre hôtelier, apprenant que nous voulions monter le *Chemin-des-Dames* avec notre voiture, nous assura que la chose était impossible. Mon frère lui soutint le contraire ; un pari s'engagea, et l'enjeu fut un bon dîner que l'aubergiste devait nous servir gratis, s'il perdait. Il perdit en effet. Mais le lendemain nous passions par la nouvelle route, abandonnant le pari généreux du brave Barthélemy.

Or maître Coco, qui avait copieusement dîné et reposé, nous prouva tout de suite qu'il voulait donner à l'aubergiste une meilleure idée de la gent à longues oreilles. Nous pûmes à loisir herboriser et causer ; il allait toujours son petit train sans s'arrêter, en dépit de la pente et des difficultés d'un chemin tout primitif.

Le *Chemin-des-Dames* qui va de Longemer à la route d'Alsace au col de Balverche, monte sans cesse et presque à pic ; il doit avoir plus de 3,000 mètres de longueur, et est couvert tout entier de l'ombre des grands sapins. C'est dans cette forêt tant de fois séculaire que la végétation étale un luxe et une profusion de plantes vraiment extraordinaires. Pendant les mois d'été la lychnide dioïque y tapisse de ses superbes grappes roses des cantons fort étendus ; cette charmante silénée se marie au cerfeuil velu, à la blanche luzule, au chapeau de loup (*Cacalia albi-frons*), dont les feuilles sont si larges et les capitules en corymbes si gracieux, aux saxifrages, à la digitale pourpre, à l'oseille des montagnes, aux éperviaires, aux liondents, au magnifique épilobe en épi. Souvent nous avons eu l'occasion de voir toutes ces fleurs réunies dans ce jardin de la nature. Je passe sous silence une foule d'autres espèces secondaires, que nous avons cependant récoltées en partie, et que, chemin faisant, je plaçais dans mes papiers côte à côte avec les précédentes.

De grandes dames et des demoiselles d'une toilette élégante, de beaux jeunes hommes en tenue d'été, portant fièrement la canne, le chapeau français, les gants et la moustache cirée, descendaient le chemin que nous montions. Nous avons aussi rencontré plus de cinquante autres personnes, paysans ou bourgeois. Chaque demoiselle était généralement conduite par deux garçons. Les uns chantaient, les autres causaient ou riaient en suivant rapidement la pente abrupte que nous nous efforcions de gravir. Personne ne fit tomber le ridicule sur notre brave grison, ni sur nous ; au contraire, chacun saluait poliment, et beaucoup nous disaient un mot en passant.

Cette ascension n'a pas été le plus beau de mon voyage. Je me sentais profondément attristé de me voir ainsi paralysé, et de rencontrer sans cesse des groupes de joyeux, robustes et pimpants jeunes gens ; il m'était impossible de ne pas faire une comparaison entre leur sort et le mien ; aussi notre conversation languissait. Quand nous fûmes parvenus au collet, l'aspect tout nouveau du paysage chassa bien vite mes idées chagrines ; la route devenait bonne et je touchais au but de mon voyage.

Outre les plantes précédemment citées, j'avais augmenté ma collection de dix ou douze bonnes espèces que m'avait données Nicolas Martin, dont nous avions fait la rencontre dans le bois. J'ai pu ainsi me procurer le *Sedum villosum* et l'*Hieracium Mougeotii*, deux espèces que je risque fort de ne jamais aller recueillir au Hohneck. Nous avons aussi trouvé plusieurs coléoptères qui n'existent pas chez nous, le *Chrysomela cacaliæ*, le *Silpha alpina* et diverses *Leptura*. Ces trouvailles, dont j'étais fort content, aidaient à me mettre dans une autre situation d'esprit.

En arrivant au sommet du col, je remarquai que le sapin faisait défaut. Le hêtre le remplaçait ; mais tous les arbres, noués, tordus, rabougris, étaient dépouillés de branches du côté du sud-ouest, signe évident de la violence du vent et de la rigueur des éléments sur ces lieux élevés.

Il était près de six heures. De gros nuages, semblables à des brouillards, couraient au-dessus de nos têtes ; c'étaient les riants *cumulus* que nous avions vu se refléter dans le miroir des lacs. L'air était tiède, mais, bien que le soleil inondât la nature de ses derniers rayons, la chaleur, si grande à Longemer, avait ici bien moins de force. C'était autant de remarques que je faisais en météorologiste. Vers l'ouest, s'avançaient de noirs nuages et je prédis à mon frère un orage pour la nuit. J'étais avide d'émotions, de spectacles, et je me réjouissais de la production de quelques météores, dussions-nous en subir les conséquences.

L'aspect des chaumes de Balverche, du Thanet et d'autres localités dont nous n'avons pu apprendre les noms, la vallée profonde du Valtin, au bas de la montagnes des Combes, l'immensité des forêts qu'on découvre vers ce point, me fournirent mille sujets d'admiration. Pendant que ma voiture roulait doucement vers la Schlucht, Jean-Baptiste allait herboriser à Balverche. Cette chaume est, au mois de juin littéralement couverte du liondent des Pyrénées ; nous en avons encore pu récolter en abondance. La gentiane jaune, cette magnifique plante des ballons, était en fleurs. C'est la plus belle, la plus robuste plante que j'ai rencontrée entre toutes les espèces remarquables de cette végétation alpestre.

Sur le plateau de la Schlucht nous avons trouvé une nombreuse jeunesse occupée à danser et à boire. Le bal, mené par un violon, avait lieu en plein air, sous une tonnelle de hêtre. Il y avait là de gentilles Alsaciennes, qui semblaient aussi heureuses qu'on peut l'être à leur âge ; mais les joyeuses notes du violon m'attristaient ; les rires de cette jeunesse me faisaient songer, comme en montant à Balverche, à mon sort voué à jamais à l'isolement, à la contrainte. Les sages et les vieux qui ont passé la saison des jeux et des amours, me blâmeraient de raisonner ainsi; mais suis-je le maître de penser autrement que je ne le fais? Plus tard la sagesse viendra peut-être me visiter.

Nous quittâmes donc cette fête, et afin de ne pas perdre notre temps inutilement, mon frère me conduisit sur la route d'Alsace, pour que nous puissions jouir de la vue des curiosités naturelles et du spectacle splendide qui nous faisait venir de si loin.

La route, très large et très unie, se dirige en pente douce vers Munster, petite ville distante de la Schlucht de 15 kilomètres. Elle forme de très nombreux lacets qui en adoucissent les pentes. C'est à trois quarts d'heure de marche, sur le versant alsacien, à une petite distance au-dessous du tunnel, que nous établîmes notre observatoire. C'est là aussi que je me place pour vous donner une idée de ce que découvrent les regards.

La route a été creusée dans un rocher qui a près de 1,000 mètres de hauteur, si on la mesure du fond de la vallée.

On a déblayé à la mine toute la moitié supérieure de ce vaste rocher. Trois mille kilogrammes de poudre ont été employés à faire sauter des rochers sur une étendue de deux kilomètres seulement. La route a été creusée, sur un point, dans un massif de granit d'une hauteur de 90 mètres. Ce tunnel a une longueur de 18 mètres sur six de hauteur et autant de largeur.

Tous les matériaux extraits de ces rochers pendant les déblayements ont servi à faire les immenses murs de soutènement de la route, au-dessus du gouffre, ou ont été lancés dans ces profondeurs.

Du point où nous étions, nous ne pouvions distinguer qu'imparfaitement les sapins du fond de la vallée, dont les versants se dressent à pic de chaque côté. Vers le nord-est, les masses effrayantes des rochers, au flanc desquels la route est tracée, se perdaient dans les nuages houleux qui commençaient à envahir le ciel. Le vertige me prenait quand, contemplant ces tours de granit qui surplombent sur les têtes, je reportais ensuite les yeux vers les profondeurs de l'abîme au-dessus duquel la route est comme suspendue. Je ne sais s'il existe ailleurs un aussi magnifique aspect, un tel mélange du terrible et du grandiose. Ce spectacle me fascinait et m'effrayait en même temps. Vers l'ouest nous avons le sommet arrondi du Hohneck, avec ses vertes chaumes où paissent les troupeaux et avec des chalets sur les pentes. Nous entendions le tintement de la grosse clochette en tôle que portent les vaches *maîtresses* du troupeau. Dans les enfoncements qui font face à l'est, on découvrait encore des lambeaux de neige, derniers vestiges de l'hiver, que l'été de cette année aura de la peine à faire disparaître; puis, dans les mêmes lieux, une végétation luxuriante de plantes alpestres que je convoitais en vain, mais que j'espère posséder un jour en grande partie dans ma collection. De ces escarpements titanesques descendent des sources d'une eau vive, abondante, glacée, alimentées par les pluies qui sont ici bien plus fortes que dans la plaine, et par les neiges qui fondent tout l'été. La masse du Hohneck couvrait de son ombre ce chaos de rochers nus, de glaciers, de verdure, et l'obscurité du soir se répandait déjà dans la vallée, vers les villages alsaciens d'Amphersbach et de Stosswihr.

Au moyen d'une longue-vue, que nous avions eu la précaution d'apporter, nous apercevions facilement les plaines de l'Alsace et aux confins de l'horizon, les montagnes d'outre-Rhin, sœurs des Vosges. L'Alsace avait aux derniers rayons du soleil un aspect magnifique. Que de moissons, de villages, de manufactures, de vergers, de prairies, de collines onduleuses et de petits vallons! Je ne pouvais rassasier ma vue de ce spectacle. Mais encore ici une pensée m'obsédait. Entrevoir tant de curiosités et avoir la certitude de ne pas les toucher de près ! Les livres qui me parlent de l'Alsace, ces guides du botaniste sur les ballons des Vosges, m'offriraient un bien autre intérêt, si je pouvais librement voyager !

Le temps s'écoulait avec rapidité pendant que nous étudiions, de notre poste, le plus magnifique panorama que j'aie jamais vu (1). Le soleil dorait de ses derniers rayons les bords du Rhin, quand, jetant un dernier regard d'admiration sur l'immense plaine qu'arrose le grand fleuve, nous sommes retournés à la Schlucht. Le bal était fini et la troupe joyeuse des danseuses alsaciennes était partie : nous les. rencontrions conduisant en riant de rustiques carrioles, attelées de maigres chevaux. Elles faisaient comme nous; elles riaient les premières de leur attelage. Nous avions vu passer deux carrosses à quatre chevaux conduisant nos botanistes de Longemer. Ils nous ont reconnus et nous ont salués comme de vieilles connaissances.

L'orage que j'avais annoncé à mon frère grondait dans le lointain vers Épinal, et le vent semblait le pousser de notre côté. Au zénith, le ciel était à peu près pur. Nous sommes allés nous jucher sur une haute pile de bois de hêtre pour observer la marche du nuage orageux. C'est là que j'ai vu un phénomène très curieux et que bien des touristes payeraient cher. Le nuage était plus bas que le point où nous étions (1,150 mètres d'altitude), et le ciel bleu nous apparaissait au-dessus, du moins en grande partie. L'air devenait rapidement froid et humide ; bientôt

(1) En 1865, le 5 juin, l'auteur de ce récit a fait une seconde excursion à la Schlucht et est allé au sommet du Hohneck, point d'où la vue se porte naturellement sur une plus grande étendue que depuis la route de Munster. Il y est retourné une troisième fois le 21 janvier 1881. *(Note de l'Éditeur.)*

un brouillard assez dense nous enveloppa, et les ténèbres s'épaissirent à vue d'œil. Le bruit du tonnerre approchait. Jugeant que nous allions être au beau milieu de la nuée, nous quittâmes notre observatoire pour aller demander l'hospitalité au cabaret voisin.

Je ne vous ai pas encore dit que sur ce plateau de la Schlucht, traversé par la route d'Alsace, les frères Hartmann, de Munster, non contents d'avoir à leur frais ouvert cette route grandiose dans les rochers, ont fait construire à la limite du plateau un magnifique chalet, qui est un petit palais.

Ce bâtiment, dont le rez-de-chaussée est de granit, est placé au bord du plateau, de manière que le voyageur qui va le visiter peut, en se plaçant sur la terrasse, se croire suspendu au-dessus du précipice; de là, on jouit à peu de chose près de la même perspective que j'ai décrite tout à l'heure. Le chalet n'étant pas ouvert au public, nous n'avons pu en voir que l'extérieur. C'est tout près de là qu'on peut aller s'abriter dans une longue et basse maison en bois, qui a dû servir à recevoir les troupeaux et les marcaires avant que la nécessité de loger les ouvriers qui travaillaient au percement de la route du côté des Vosges, ait fait changer la marcairerie en une caserne. Sur le seuil, un homme assez bourru, que nous jugions être le chef de l'établissement, nous dit que nous pouvions parfaitement passer la nuit sous son toit, mais qu'il n'avait pas de vivres ni de lits à nous donner. Sur notre déclaration que nous avions des vivres, et que nous nous contenterions fort bien d'une botte de paille pour dormir, il nous dit, en nous faisant entrer, qu'en ce cas notre lit était tout fait, et sur ce, il nous ouvrit une grande chambre pleine d'obscurité. « Il y a là, nous fît-il, des lits de camp posés sur des trétaux, la paille est fraîche, et vous n'aurez à craindre ni poux, ni punaises. » Nous avons accepté son dire sous toute réserve, mais fort satisfaits d'avoir un gîte. Coco, le grison, fut attaché à un râtelier bien fourni, dans une chaude écurie garnie de litière, et pendant que l'orage se déchaînait avec fureur, nous soupâmes tranquillement des restes de notre dîner, près d'un immense bûcher de bois de hêtre qui flambait dans la cheminée.

Il y avait ce soir-là dans le cabaret de la Schlucht des individus à mines bien diverses; mais aucune physionomie n'était rassurante, excepté celles du maître qu'on appelait le *chteff*, et de sa femme, qui paraissait vouloir en imposer, plus encore que son mari, aux espèces de bandits (j'en juge sur l'apparence ; c'étaient peut-être de braves ouvriers) qui continuaient à boire dans le cabaret. Excepté encore un bon paysan et sa femme qui paraissaient être employés dans la maison, tous les personnages que je voyais attablés et en état complet d'ivresse avaient l'air de tout autre chose que d'honnêtes gens. Si j'eusse été peureux, quel sinistre roman eût trotté dans ma tête !

Au dehors, la pluie tombait à torrents ; le tonnerre,

qui, dans cette région élevée, ne gronde pas comme
dans nos vallées, avait une voix terrible. C'était un
bruit sourd, continu, sans saccade, comme le bruit
de l'ouragan ; nous étions évidemment au milieu du
nuage orageux. Les éclairs me faisaient l'effet d'appa-
ritions subites de flambeaux dans un brouillard épais.
Je voulus jeter un coup d'œil au dehors, en m'avan-
çant sur la porte, mais je fus bientôt obligé de la
refermer pour éviter les rafales du vent. On nous
servit un bouillon sur une table boiteuse, inondée
d'eau-de-vie et de bière. Nous bûmes une carafe d'une
eau excellente que je préférais au vin, et qui s'asso-
ciait très bien au saucisson de Gérardmer ; et crai-
gnant que les disputes engagées entre les buveurs ne
dégénérassent prochainement en rixes, nous songeâ-
mes à prendre le chemin de nos lits. Le *chteff* nous
introduisit lui-même dans le dortoir. C'était une
chambre très longue, qui avait pour plancher le sol
nu, et pour plafond les solives du toit. Deux petites
lucarnes doivent y laisser filtrer une lumière dou-
teuse, quand le soleil luit ; mais je n'ai pu en juger
que par la lueur des éclairs, qui, pendant une partie
de la nuit, vers la fin de l'orage, m'apparaissaient va-
guement par ces trous. La moitié de ce singulier
dortoir était occupé par une longue file de casiers
remplis de paille. On aurait pu loger là cent hommes
et nous n'étions que deux. Le *chteff* nous avait laissé
sa lampe, et nous vîmes pour tout ameublement, dans
cette salle, quelques outils aratoires, des caisses de

voyageurs et une espèce de longue boîte qui ressem
blait fort à un cercueil. Un vaste poêle sans feu s'éle
vait au milieu de la chambre ; près de la porte d'en
trée, se trouvait un lit véritable avec plumon, draps
oreillers ; c'était là que couchaient les deux époux
commensaux du *chte*

L'orage semblait redoubler d'intensité, les roule
ments du tonnerre, le déchaînement de l'ouragan e
de la pluie, qui tombait à flots sur la toiture retentis
sante du bâtiment, tout cela faisait un tapage suffi
sant pour vaincre un sommeil ordinaire. Mais c
n'était pas tout. Dans la cuisine, tout à côté, la troupe
avinée des buveurs était toujours attablée, criant
jurant, blasphémant et faisant un tumulte infernal
De temps en temps, un éclair mêlait sa lumière bla
farde à la lueur mourante de notre lanterne, ou ur
juron formidable suivi d'un coup de tonnerre me
réveillait d'un premier assoupissement, et le cer
cueil m'apparaissait lugubrement comme dans ur
rêve. Je me croyais vraiment, à cette heure, tombé
dans un coupe-gorge, et les histoires d'almanach que
je lisais dans mon enfance me revenaient à l'esprit.
Si j'échappe de cet antre, pensai-je, ce sera une
aventure aussi belle à raconter que celle de l'ingé
nieux Don Quichotte, et j'essayais de me rendormir.
Malheureusement, je crus sentir des piqûres insolites
et des chatouillements de mauvais augure, et il ne
m'en fallut pas davantage pour me figurer que la
paille recélait cet insecte *syphonaptère* dont je sais

jà le nom en grec, en latin, mais qu'en bon français
us nommons la *puce*. Dans ma colère j'allais sou-
aiter au diable le *chteff* et sa baraque, mais je réflé-
is que le brave homme ne pouvait faire plus que
e nous abriter contre l'orage. D'ailleurs, si je ne
ouvais pas dormir, personne ne m'empêchait de
eiller.

Or, tout en me secouant, je me mis à songer com-
ent je m'y prendrais pour conter cette partie de
on voyage. J'étais en train de rédiger, bien mieux
ue je ne le fais aujourd'hui, une intéressante narra-
on, quand, moitié veillant, moitié sommeillant,
entendis la voix flûtée de la dame du logis s'élever
u-dessus de tout le vacarme qu'on faisait à la cui-
ne. La femme du *chteff* essayait, à défaut de garde-
hampêtre et de gendarmes, gens inconnus là-haut,
e mettre ordre dans le cabaret.

Deux chenapans se battaient en duel sur la porte;
urs armes étaient d'énormes tisons de bois de
être qu'ils avaient pris au bûcher toujours flam-
ant de la vaste cheminée : leurs témoins juraient de
lus belle; ceux qui dormaient sous la table s'étaient
ême éveillés, à ce que je crus; car on entendait
s voix de cinq ou six hommes. On nous avait conté
ue la femme du *chteff* s'apprêtait à mettre au
onde un héritier cette nuit même; quand je l'en-
endis chasser de sa maison avec autorité la troupe
d'ivrognes qui l'encombrait, je jugeai qu'elle savait
ce qu'elle faisait et que son intention n'était pas

uniquement de me procurer une heure de repos — chacun pour soi. — Toujours est-il qu'elle parvint non à mettre les buveurs d'accord, mais à les pousser hors du logis. J'entendis grincer la serrure, et tout le vacarme se perdit bientôt parmi les bruits du vent, de la pluie et du tonnerre.

Comme il n'y avait plus que les *pulex irritans* pour mettre un obstacle sérieux à mon sommeil, je tâchai de m'accommoder avec ces insectes, qui faisaient le moins de bruit possible. Je sommeillais véritablement pendant au moins une demi-heure. Vers minuit, je fus encore réveillé subitement par un bruit formidable qui retentissait à la porte du bâtiment. On frappait à coups redoublés, et des voix d'hommes criaient : « Ouvrez, ouvrez tout de suite. »

La serrure grinça de nouveau, et la porte roula ; un tonnerre de jurons retentit à la cuisine, j'ouvris les yeux ; la lanterne était éteinte, et nous étions dans une obscurité complète. Au dehors la pluie tombait toujours. Je prêtai l'oreille pour savoir de quoi il s'agissait et quelle pouvait être la cause de cette grêle de blasphèmes. Je compris bientôt que le mauvais temps et l'ivresse avaient provoqué cet orage d'imprécations. Puis, au plus fort des cris, j'entendis qu'on se dirigeait vers notre dortoir. La porte s'ouvrit lentement, et je vis entrer trois hommes. Le premier tenait un bout de chandelle allumée ; les deux autres portaient une espèce de cadavre humain, l'un par la tête, l'autre par les pieds,

et j'entendis qu'ils disaient : « Où voulons-nous le
mettre ? » La lumière fut posée dans la paille d'un
compartiment voisin du nôtre, et le cadavre, jeté
comme une masse inerte dans la case qui pré-
cédait, fut caché sous une brassée de paille. Je
m'attendais très sérieusement à voir le feu flamber
près de nous, grâce au bout de chandelle, et je songeais que ce serait bien la plus belle aventure de la
journée. La chose n'eut pas lieu, je ne m'explique pas
pourquoi. Cette paille était probablement incom-
bustible ; j'aurais cependant bien aimé voir les puces
grillées.

Le cercueil, ou la boîte qui lui ressemblait, était
toujours là, à côté de moi. Dans l'état de somnolence
où j'étais, augmenté par la surexcitation fiévreuse
d'un sommeil toujours interrompu, je ne doutais
pas qu'il ne fût préparé pour le cadavre qui gisait
non loin de là. J'avais toujours dans la tête les histoires des voyageurs assassinés dans les auberges
écartées. Certes, nous étions isolés, à deux lieues de
toute habitation ; je ne connaissais rien des habitu-
des de cette maison, et je m'attendais à tout, mais
avec une sécurité parfaite, car la femme du *chleff*
me paraissait aussi bonne que courageuse. Mon
frère a bien ri de mes idées, quand je les lui ai ra-
contées le lendemain. Pour lui, il dormit sans se
réveiller depuis le soir jusqu'après la première
lueur de l'aube, et il m'a assuré qu'il avait couché
bien des fois dans ce dortoir au milieu d'un pareil

bruit sans jamais s'en inquiéter. Une autre fois, je saurai à quoi m'en tenir ; mais dans mon voyage 'étais à peu près comme le rat du fabuliste,

> Rat de peu de cervelle :
> « Que le monde, dit-il, est grand et spacieux !
> Voilà les Apennins et voici le Caucase ! »
> La moindre taupinée était mont à ses yeux.

C'était la première fois que je sortais « de ma case », et cela explique la naïveté de mes impressions, que je veux toutefois rendre fidèlement jusqu'au bout.

L'homme qu'on venait de coucher dans la paille et que je prenais pour un mort, était un ouvrier venant de Munster, où il avait fait de si copieuses libations pour célébrer comme il faut le dimanche, qu'il s'était endormi au bord de la route, à moitié chemin entre Munster et le lieu où nous étions. Deux de ses camarades l'avaient trouvé, vers dix heures du soir ; il était sur le talus de la route, tout près de rouler dans le précipice dont je vous ai parlé. Le dieu des ivrognes l'avait visiblement préservé d'une chute certaine, qui l'aurait mis en morceaux. Il était trempé, comme s'il eût dormi au fond d'un lac, et à peu près dans l'impossibilité de se mouvoir et de parler. Ses deux camarades l'avaient porté, traîné, poussé pendant trois heures, et, arrivés à la

Schlucht, avaient été bien aises de s'en débarrasser en le jetant sur la paille.

Je n'ai su tout cela que le lendemain. Mais quand on l'apporta, je le croyais mort ; toutefois, je ne tardai pas à reconnaître que mon cadavre était bien vivant, car il se mit à ronfler comme un bourdon. De temps en temps, il essayait encore de jurer, mais on n'entendait bien distinctement que le mot « Dieu ». Jamais je n'avais vu une telle dégradation chez l'espèce humaine. C'était une brute blasphémant encore contre son Créateur dans son sommeil bestial. Bientôt il poussa de longues plaintes. Ses gémissements éveillèrent la sensibilité de ses camarades, qui se chauffaient et se séchaient à la cuisine. L'un d'eux vint lui demander ce qu'il avait : « Froid », répondit-il. Alors, sans plus de façon, on jeta sur lui une nouvelle brassée de paille, et il se rendormit. J'ai pu reposer aussi, malgré ses ronflements sonores. Quand je me réveillai, je vis le ciel blanchissant par les lucarnes du dortoir ; mon frère s'était aussi éveillé, et nous voilà aussitôt levés. L'air était froid au dehors ; il avait plu toute la nuit, et un brouillard épais couvrait la montagne. Jean-Baptiste, malgré le temps, partit immédiatement pour le Hohneck, où il devait récolter pour un botaniste de notre pays une centurie de plusieurs espèces de plantes alpines. Avant de partir, il alla toutefois voir notre coursier, qui avait bien reposé, et qui chanta gaiement en le voyant,

Pendant que Coco mangeait sa ration du matin, que mon frère courait les chaumes du Hohneck au milieu du brouillard et de la rosée, je m'attablai à la cuisine avec les ouvriers, qui y avaient passé la nuit. C'étaient de bons vivants, grossiers et rustiques dans leurs propos, mais francs, et qui, en buvant avec moi une bouteille de vin blanc, me racontèrent leur histoire. Comme leur biographie n'a rien de saillant, je la passe volontiers sous silence. La plupart de ces ouvriers avaient été surpris, endormis dans l'ivresse, par la pluie de la soirée. L'un d'eux avait couru toute la nuit sur le Thanet pour retrouver son chien égaré, et avait eu la chance de le ramener. Pendant que nous causions, l'ivrogne que j'avais pris pour un trépassé s'était levé en jurant. Jamais je n'ai entendu un pareil déluge de grossièretés diaboliques; c'étaient ses prières du matin, et elles ont duré au moins une heure. A la fin il demanda à boire; il voulait fêter saint Lundi comme il avait fêté le dimanche.

En somme, j'ai cru reconnaître que la plupart des ouvriers qui travaillent à la route de Gérardmer à la Schlucht sont des hommes abrutis par la boisson, un ramassis de vauriens de l'Alsace et des Vosges. Cependant je n'ai vu que la pire espèce, et naturellement il y a de braves et honnêtes gens dans ce grand chantier, comme partout ailleurs.

Vers six heures du matin, nous étions prêts à partir. Après avoir mis nos effets sur la voiture et payé le maître du cabaret, qui ne nous demanda que quatorze sous pour son hospitalité, nous reprîmes la route de Gérardmer (1).

Le vent était violent et froid ; un brouillard très humide nous trompait ; mais Coco se mit au trot, et nous partîmes en entonnant bravement la *Vosgienne :*

> Alpes aux vieux sommets,
> Valûtes-vous jamais
> Nos vallons romantiques
> Et nos forêts antiques?
> A vous les noirs torrents
> Qui roulent le ravage,
> A nous le frais rivage
> Des ruisseaux transparents.

Le refrain *De nos belles montagnes* fit redire aux échos de Balverche et du Montabey nos accents patriotiques. J'étais heureux d'avoir vu les Hautes-Vosges, dans une seule excursion, par un beau soleil, par l'orage, par la pluie et le brouillard.

Nous suivions la nouvelle route déjà percée et praticable, mais non terminée. Cette route est une

______

(1) On sait que tout cela est changé. Depuis quelques années, la caserne et le déplorable cabaret de la Schlucht ont fait place à une bonne auberge, tenue par des personnes affables, complaisantes, qui parlent indistinctement l'allemand et le français. On trouve en outre des lits excellents au chalet construit par MM. Hartmann frères, bonne table et bonne société en été. De ce chalet de plaisance ces messieurs ont bien voulu faire un véritable hôtel, parfaitement accessible à toutes les bourses et aux voyageurs de toutes les conditions.

curiosité qu'on vient voir de loin. Presque partout on a eu à vaincre de grands obstacles, et sur une longueur de près de trois lieues, elle est tracée dans les rochers plus ou moins désagrégés qui constituent la masse de la montagne. La pente du sol est tellement forte, qu'il a fallu élever, dans certains lieux, jusqu'à trente assisses de murs de soutènement, disposées en gradins. C'est vraiment un travail gigantesque, digne pendant de la route d'Alsace que nous avions vue la veille. La pente de cette superbe voie de communication est relativement faible et partout égale. Nous n'avons pu admirer en détail ces magnifique travaux, car rien, à l'exception des sapins, des rochers et de la flore si riche de ces bois, ne détournait notre attention. Les brouillards s'élevèrent pourtant, et quand nous fûmes parvenus à la région moyenne de la montagne, nous pûmes jouir d'un délicieux spectacle.

A travers les éclaircies de la forêt, les lacs de Retournemer et de Longemer nous apparaissaient brillants d'un azur argenté ; l'arc-en-ciel, trois fois double, se dessinait d'une manière admirable sur la montagne voisine et baignait dans le lac bleu une des extrémités de ses six arcs. Jamais je n'ai vu ce beau phénomène si bien doublé et si bien dessiné. Les brouillards, élevés sur les montagnes, augmentaient, par un effet d'optique bien connu, leur élévation ; on croyait réellement que les sommets du Fachepremont se perdaient bien haut dans les nues. La vallée avait un tout autre aspect que la veille; en aurait pu croire que les fées, qui doivent habiter ces lieux solitaires, l'avait transformée d'un coup de leur baguette magique.

C'est du haut de la *Roche-du-Diable*, dans les flancs de laquelle passe la route, que le point de vue est majestueux et grandiose. On plane, de cette éminence, avancée en pointe vers la vallée sur les lacs bleus qui dorment au-dessous, et sur un mont cyclopéen, dont les masses imposantes contrastent avec le luxe que la nature s'est plu à jeter sur les moindres accidents de terrain. C'est la riche et belle nature contemplée du désert. Je me rappelai alors les légendes de nos aïeux, les fées, les sabbats, les sorcières; ce lieu, sans doute, a dû être hanté pendant longtemps par l'ange des ténèbres et ses suppôts. Un ouvrier nous a même assuré que c'était du haut de cette roche que Satan rassemblait sur les pelouses du bord du lac les habitués de ses sabbats. Les vieillards de Longemer racontent, dit-on, à ce sujet, des histoires terrifiantes (1).

Ce fut près de ce rocher que nous fîmes notre second déjeuner en partageant notre pain avec Coco. Plus bas, nous trouvâmes un chalet bâti, comme pour la demeure d'un anachorète, au milieu de la

____

(1) Voyez *Traditions populaires, croyances superstitieuses, usages et coutumes de l'ancienne Lorraine*, par Richard, 2ᵉ édition, page 11. — Remiremont, imprimerie Mougin, 1848.

(Note de l'auteur.)

forêt, mais dans une situation charmante, ayant vue sur le lac bleu et dans toute la vallée. C'est là que demeure M. Hogard, directeur en chef de l'administration vicinale pendant que l'on construit la route. Nous avons eu la bonne fortune de voir ce savant et de lui dire quelques mots. Il nous a fort engagés à cultiver l'histoire naturelle et s'est montré bien aimable. C'est par un ouvrier que j'ai su quelques moments après à qui je venais de parler, et j'ai alors compris les paroles d'encouragement que M. Hogard venait de nous adresser.

Pour raconter les moindres incidents de notre excursion, je dois dire qu'ici notre âne Coco a été véritablement à la noce. Nous avions rencontré, chemin faisant, un groupe d'une vingtaine d'ouvriers, parmi lesquels étaient plusieurs de nos connaissances.

Ils ont fêté le bon grison, et tous lui ont donné une *chique* de tabac. Quand il fallut partir, Coco se plaignit à sa manière « dans son patois » et fit longtemps le rétif : il voulait absolument rester avec ces bonnes gens, qui le comblaient de friandises.

Une pluie diluvienne est venue nous tremper, au bas de la montagne, entre la forêt et le pont de la Vologne. Il est rare de voir la pluie tomber d'une manière aussi torrentielle. Coco, qui n'avait pas de parapluie, s'ennuyait fort de ces cataractes qui lui tombaient sur le dos ; il avisa une haute pile de bois près de la route, et, sans demander notre avis, au risque de nous verser, il courut se blottir derrière cet abri ; j'ai admiré sa profonde sagacité. C'est là que nous avons attendu la fin de l'averse.

Le pont de la Vologne, que nous avons traversé un peu plus bas, est vraiment digne d'être vu. La hauteur vertigineuse de l'arche unique qui le supporte, la profondeur du gouffre où le torrent roule ses eaux tapageuses, nous jetaient dans l'admiration. Nous trouvâmes en grande abondance sur ce pont des *hélices* que je n'ai pas vues chez nous. Je crois avoir déterminé l'hélice porphyre et l'hélice planorale.

Le reste du voyage s'est effectué par un beau soleil et sans incidents remarquables. Nous avons fait une halte assez prolongée à Gérardmer, pour laisser reposer notre coursier. Enfin, au bord du lac, nous avons fait une dernière herborisation, qui a été assez fructueuse. Nous y avons récolté l'*Isoetes lacustris*, plante qui croît au fond des lacs et que nous avions oublié de prendre à Longemer. Tout mon papier était employé. J'ai depuis été occupé à dessécher mes plantes et à les étiqueter. Elles me serviront, dans la suite, de mémorial pour me rappeler mon curieux voyage dans les Hautes-Vosges.

FIN

TABLE

1429. — Tours, imprimerie ROUILLÉ-LADEVÈZE, rue Chaude, 6

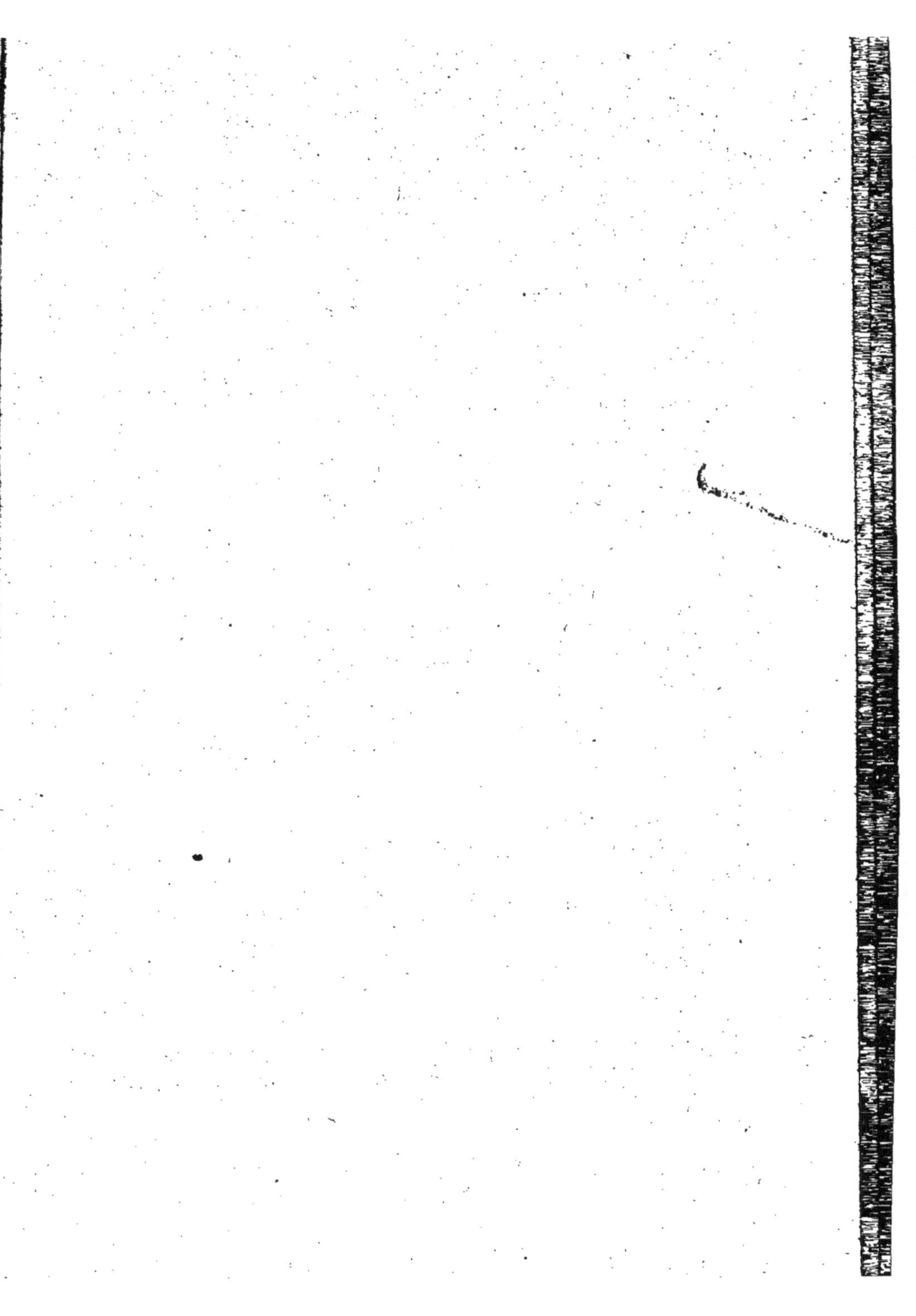

OUVRAGES DE M. XAVIER THIRIAT

L'Agriculture dans les montagnes des Vosges. — Paris, 1866, in-8°.

Météorologie agricole de l'arrondissement de Remiremont, avec nombreux tableaux synoptiques : 1870 à 1871, in-8°.

La Vallée de Cleurie, statistique, topographie, histoire, mœurs et idiomes des communes du Syndicat, de Cleurie, de Laforge, etc., canton de Remiremont (Vosges), — 1869, 1 vol. in-12, br. . . . . , . . . 3. fr. »

L'Irrigation des prairies dans les montagnes des Vosges. — Paris, 1868, 1 vol. in-8°.

Notes pour servir à l'histoire physique de l'ancienne province de Lorraine. — Remiremont, 1872, 1 vol. in-12.

Les Kédales et les Voinraux, contes en patois du canton de Saulxures. — 2ᵉ édition, 1875. — 1 vol. in-12. **75 c.**

Les Montagnes des Vosges. Gérardmer et ses environs. — Paris, 1882. Un joli volume in-12, avec carte teintée . . . . 3 fr. 50

Tous ces ouvrages sont en vente à la Librairie Xavier Thiriat *et* Poulet, *à Gérardmer, ainsi que le* Journal d'un Solitaire.

1429. — Tours, imp. Rouillé-Ladevèze, rue Chaude, 6.

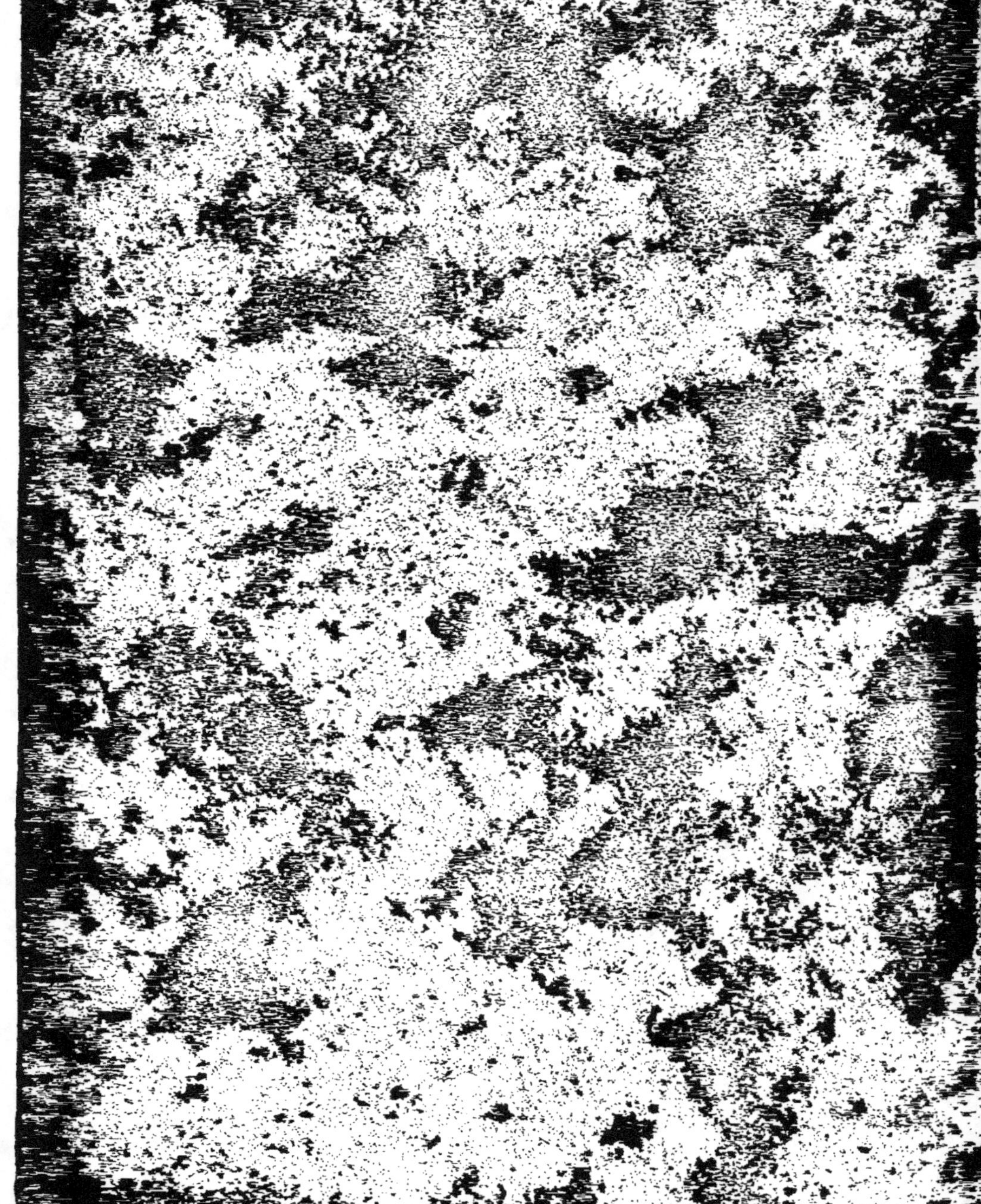

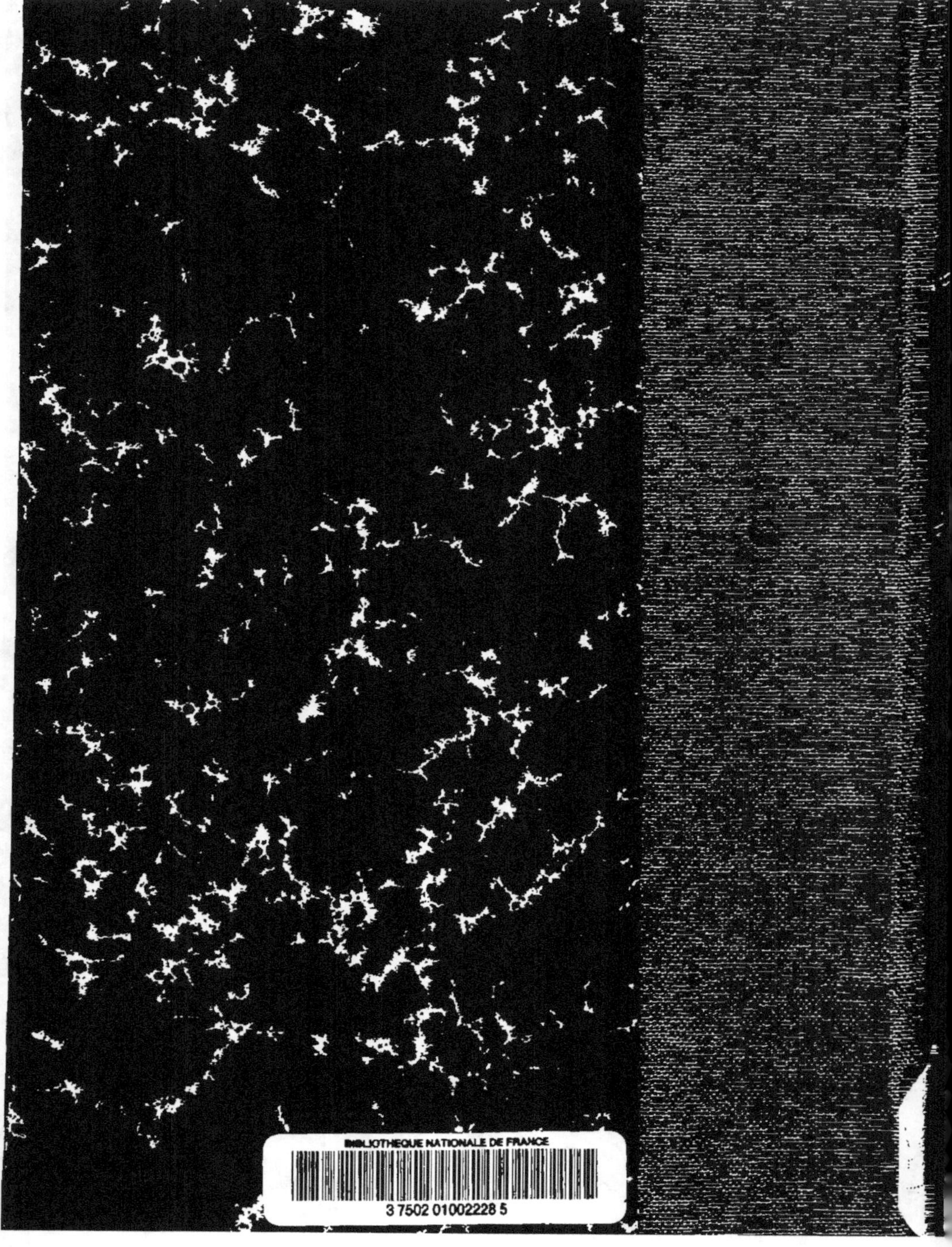